跨文化视野中语用交流失误研究

张 蓉 / 著

北京工业大学出版社

图书在版编目（CIP）数据

跨文化视野中语用交流失误研究 / 张蓉著．— 北京： 北京工业大学出版社， 2018.12（2021.5 重印）

ISBN 978-7-5639-6688-2

Ⅰ．①跨⋯ Ⅱ．①张⋯ Ⅲ．①语用学－研究 Ⅳ．①H030

中国版本图书馆 CIP 数据核字（2019）第 024572 号

跨文化视野中语用交流失误研究

著　者：	张　蓉
责任编辑：	张　贤
封面设计：	点墨轩阁
出版发行：	北京工业大学出版社
	（北京市朝阳区平乐园 100 号　邮编：100124）
	010-67391722（传真）　　bgdcbs@sina.com
经销单位：	全国各地新华书店
承印单位：	三河市明华印务有限公司
开　　本：	787 毫米 ×1092 毫米　1/16
印　　张：	10.5
字　　数：	210 千字
版　　次：	2018 年 12 月第 1 版
印　　次：	2021 年 5 月第 2 次印刷
标准书号：	ISBN 978-7-5639-6688-2
定　　价：	48.00 元

版权所有　　翻印必究

（如发现印装质量问题，请寄本社发行部调换 010-67391106）

前　言

现代经济全球化、一体化的不断发展，使得世界各国、各民族之间的联系合作日益紧密。不同国籍、不同文化背景的人交流也越来越频繁，中国作为最大的发展中国家，已然成了经济与贸易的中心之一，跨文化交际是我们必然而然的一项活动。说不同语言的人们有着不同的文化背景，也有着不同的理念，世界观、价值观和人生观也是不同的，两个有着不同文化背景的人在进行交际的时候，交际双方不能够正确理解对方的真正目的和准确地表情达意，跨文化交际中语用失误便不可避免地发生了。

传统语言学和结构主义现代语言学把语言当成单一的自足自立的封闭结构系统，对语言研究的视野重点放在语言实体本身的描述上，把语言教学置于文化的"真空"里进行机械的操练，而对直接影响语言的社会文化及其如何影响语言的构成、理解和表达没有给予应有的重视和研究，其结果是语言学的理论解决不了语言的现实问题。随着信息化、全球化进程的加快，跨文化交际已成为当今世界的重要特征，但是，由于交际者对外语知识掌握得不够或不了解异族文化的特点，经常会在跨文化交际中出现语用上的多种失误，影响跨文化交际的质量。

本书针对跨文化交际中的语用交流失误进行了研究。首先，对文化与跨文化交际进行了介绍；其次，对语用学和跨文化语用研究分别进行了详细的研究；再次，就跨文化视野中的"语境三分"以及三分类语境各自的语用特征展开了详细的论述；最后，从成因与对策两大方面分析了跨文化视野中的语用失误问题。

本书约 20 万字，由西安医学院语言与文化研究中心张蓉撰写。在撰写本书的过程中，吸收了部分专家、学者的一些研究成果和著述内容，在此表示衷心的感谢。由于笔者水平有限，书中难免会有缺点和错误，恳请广大读者批评指正。

张　蓉

2018 年 9 月

目 录

第一章 文化与跨文化交际研究 ·· 1
 第一节 文化的概念及特征 ··· 1
 第二节 交际文化与能力 ··· 6
 第三节 跨文化交际 ··· 8

第二章 语用学与跨文化语用研究 ······································ 47
 第一节 语用学概述及其哲学渊源 ································· 47
 第二节 国内外语用学研究与发展概况 ····························· 70
 第三节 语用学的研究对象与方法 ································· 81
 第四节 跨文化语用学概述 ······································· 83
 第五节 语际语语用学研究 ······································· 93
 第六节 跨文化语用学研究中的问题及其发展趋势 ················· 98

第三章 跨文化视野中的"语境三分"及三分类语境的语用特征 ········· 103
 第一节 "语境三分"假说 ······································· 103
 第二节 三分类语境的语用特征 ·································· 115

第四章 跨文化视野中的语用失误成因及对策研究 ······················ 123
 第一节 跨文化视野中的语用失误 ································ 123
 第二节 语用失误的成因 ·· 132
 第三节 语用失误的对策 ·· 136

参考文献 ·· 161

目录

第一章　文化与跨文化交际研究

第一节　文化的概念及特征

一、关于文化的理解

文化，是一个很多研究者都感兴趣的概念。人类学家、社会学家、艺术家甚至政治家都谈论文化，但如何理解这一概念，往往是仁者见仁，智者见智。目前"文化"一词在社会上广泛流行，广播、电视、报纸、杂志等都经常使用文化，在很多情况下，文化似乎被滥用了，只要与人类社会有关的问题都冠之以文化，颇有点"以其昏昏，使人昭昭"之嫌。因此，研究跨文化交际中的语用失误，有必要首先对文化做一解释，通过引述有关文化的一些典型观点，从中选择更为恰当、现实的解释，以利于本书的讨论。当然，我们并不想给文化下一个新的定义，这样做一则不属本书之旨趣，二则没必要。

现代社会中，"文化"是一个复杂的系统，学术界对其理解可谓"横看成岭侧成峰，远近高低各不同"，对文化的解说林林总总、色彩纷呈。有人统计，现在中外有关文化的定义有 500 多种，这里列举几种有代表性的观点：

（1）1871 年，文化人类学的创始人英国学者泰勒（E.B. Tylor）认为："文化或文明，就其广泛的民族学意义来说，乃是包括知识、信仰、艺术、道德、法律、习俗和任何人作为一名社会成员而获得的能力和习惯在内的复杂整体。"

（2）"文化是一个大的人群在许多代当中通过个人和集体的努力而获得的知识、经验、信念、价值、态度、角色、空间关系、宇宙观念的积淀以及他们获得的物质的东西和所有物。文化表现于语言的模式以及生活和行为形式，这些模式和形式是人们适应性行动相交际方式的样板，它使得人们在特定的技术发展阶段、特定的时间、特定的地理环境的社会中生活。"

（3）"一个社区诸成员有着共同的政治或伦理观念，以及在很大程度上对解释世界的方式、客观现象如何分类和赋予这种分类以何种意义，有着类同的认识。各社区有一共同历史，并对什么是重要的、什么是不重要的有着共同概念，即有一个共同的价值体系。他们对于干活、穿衣、吃饭、结婚、信仰、子女教育的正确与错误方式有共同观念，所有这一切就是（一个民族的）社会文化。"

（4）"文化是一系列规范和准则，当社会成员按照它们行动时，所产生的行动应限于社会成员认为可接受的范围之中"，"是社会成员通过学习从社会上获得的传统和生活方式，包括已成为行为模式的重复的思想方式、感情和动作"。

（5）文化"指整个人类环境中由人创造的那些方面，既包括有形的也包括无形的，所谓一种'文化'，它指的是人类群体独特的生活方式、整套的'生存式样'"。

（6）"文化指的是某集团的人们的整个生活方式。包括人们所想的、所说的、所做的、所制作的一切。"

（7）文化这个名称的定义可以是：一个社会所做的和想做的是什么。

（8）一般地说，文化指人类社会历史实践过程中所创造的物质财富和精神财富的总和。（《辞海》）

从以上所列文化的几种定义可以看出，文化的辐射范围很广，几乎无所不在、无所不存、无所不包，凡是人类所创造的一切财富都可纳入文化的范畴。为此，有的学者对文化范畴进行了层次划分，认为"文化的范围实际上包含了三个层次：一是物质文化，它是通过人们制作的各种实物产品表现出来的，包括建筑物、服饰、食品、用品、工具等。二是制度、习俗文化，它是通过人们共同遵守的社会规范和行为准则表现出来的，包括制度、法规以及相应的设施和风俗习惯，等等。三是精神文化，它是通过人们思维活动所形成的方式和产品表现出来的，既包括价值观念、思维方式、审美趣味、道德情操、宗教信仰，也包括哲学、科学、文学艺术方面的成就和产品"。笔者认为，这种区分是科学的，也是有益的，它使我们对文化的认识更加明确、具体。从本书的研究论题看，笔者觉得德国著名社会学家马勒茨克（Gerhard Maletzke）的观点更能代表本书对文化的理解："文化主要是指那些既存在于人的行为中，又存在于他的精神和物质产品中的构想、信念、观念、世界观所组成的一个系统。简单地说，文化就是指人类生活的，以及人类实现自我和改造世界的方法。"

二、文化的特征

文化是一种社会现象，它是人们通过他们的创造性活动而形成的产物，因此，文化是相对于自然而言的。基于以上理解，从语用学和社会语言学的角度，我们认为文化具有如下特征：

（一）文化是后天习得的，不是生理遗传的

文化（精神文化）不是人们先天的遗传本能，而是经过学习得来的知识和经验。人类个体生来对学习文化具有生物遗传的能力，但文化本身必须经过每个个体的学习才能获得。一般说来，只有人类个体才能学习并创造文化，人一生下来，就受到文化的影响，开始了文化学习的过程。例如，把一个刚生下来的中国婴儿放到美国，让他在纯粹的美国文化环境中成长，那他学得的就是美国文化，长大以后他的言行举止等方方面面体现的就是美国文化。若把他放到日本，长大以后在言行举止方面体现的就是日本文化。从人类学的角度看，人不仅是"社会人"（social man），而且是"文化人"（cultural man）。在文字还没有诞生的社会里，人们通过口头语言把自己的知识、经验、信念、观念等传给自己周围的人和后人。在文字诞生以后，人们通过学校、家庭、社会集团、大众传媒以及其他先进的科学技术设备广泛地传播文化。正是由于任何一个社会的文化都是代代相传的，所以文化对人各方面的成长都起着重要的作用。一个人从幼时起就受到文化的熏陶，他的举止言行都受到一定社会文化的约束，被纳入相应的轨道。从这个意义上说，"人生而有文化，文化生而有约束"。

（二）文化为一个群体或社团所共有，不是某一个人所独有

文化作为社会遗产，是一个群体共同创造的社会性的产物，从大的范围来说，它属于人类所有，从小的范围来说，它属于某一个群体或社团。克鲁克亨指出："文化是历史上所创造的生存式样的系统，既包括显形式样又包括隐形式样，它具有为整个群体共享的倾向，或是在一定时期中为群体的特定部分所共享。"纯属个人私有的东西，如个人的怪癖等不为社会成员所理解，则不是文化。只有当个人的文化心理和文化行为被人们普遍接受，并成为社会人的普遍观念和行为模式时，或者说成为一定社会和群体的共同意识和共同规范时，它才可能成为文化现象。某些为少数人拥有的文化，虽不能为大多数人所共享，但社会通常都对这些文化现象做出评价，或赞成，或反对，因此仍具有共享的文化意义。

（三）文化具有民族性和区域性

一种文化受到多种条件的制约，其中主要是受社会物质条件和自然环境的制约。人类自从形成民族之后，文化内容往往以民族的形式表现出来，

映射出鲜明的民族色彩。一个民族使用共同的语言，遵守共同的风俗习惯，养成了共同的心理素质和性格，"一定的文化总是在一定民族的机体上生长起来的，民族群体是民族文化的土壤和载体，文化的疆界总是和民族的疆界相一致的，民族的特征除了体质特征之外就是文化的特征，所谓民族性主要是指文化上的特性"。泰勒强调原始文化的作用，认为文化是由人类生活经验所获得的智慧，使人类与其他动物相区别，从而提出文化的超民族性，认为各社会的文化之所以不同，只是由于它们处于人类文化发展过程中的不同阶段而已。这些观点，否认了文化的民族性，遭到许多学者的抨击。事实上，不仅一个民族具有不同于其他民族的文化，而且在一个历史悠久、人口众多的民族中，由于社会结构、历史和地理等因素的不同，要想在文化的细节上保持完全一致是不大可能的，于是形成了这样一种文化格局：一个主导文化（main culture）和若干具有自身特征的群体文化或地区文化即亚文化（subculture）并存。亚文化既具有大群体的整体文化的特征，又具有自己的独特性。文化的区域性和民族性并不抵触，区域性不仅不会损害民族文化的内在一致性，相反还能丰富民族性的内涵。

（四）文化包括语言，语言是文化的重要载体

语言和文化一样是社会的产物，是生活在该社会的人们世代沿袭下来的符号体系。萨丕尔（Sapir）指出："语言是纯粹人为的、非本能的、凭借自觉地制造出来的符号系统来传达概念、情绪和欲望的方法。它是一种文化功能，不是一种生活遗传功能。""在人类学中，文化指的是社会共同体的一个成员受全体成员制约的全部生活方式，很明显，按照文化的这种概念来看，语言就是文化的一个部分，而实际上是最重要的部分之一，是唯一的凭其符号作用而跟整个文化相联系的一部分。"马林诺夫斯基（Malinowski）也说："语言是文化整体的一部分，但它并不是一个工具的体系，而是一套发音的风俗及精神文化的一部分。"一个社会的语言是该社会文化的一个方面，语言和文化是部分和整体的关系。语言作为文化的组成部分，其特殊性表现在：它是学习文化的主要工具，人在学习和运用语言的过程中获得文化，因为从另一个方面说，语言是文化的载体。王希杰先生说："语言又在本质上区别于其他文化，这表现为它同时又是文化的载体，它记录了人类文化，它本身就是一个人类的文化世界，语言和文化是相互影响、相互制约的。"文化的保存、传播和继承都要依靠语言（有些文化以实物来体现，自然与语言无直接关系，但要生产或使用这些实物，却非与作为交际工具的语言打交道不可），语言是文化产生和发展的关键，又是文化存在的重要标志。没有语言，就没有文

化。人类学家怀特（White）指出："全部文化（文明）依赖于符号。正是由于符号能力的产生相适用，才能使文化得以产生和存在；正是由于符号的使用，才使得文化有可能永存不朽。"反过来说，文化又是语言赖以存在的根基，是语言新陈代谢的生命源泉。语言，包括语言的使用方式在内，都不能超越文化而独立存在，不能脱离一个民族流传下来的决定这一民族生活面貌和风俗习惯的信念体系。正如萨丕尔（Sapir）所说，语言有一个底座，语言不能脱离文化而存在。所以，一定的语言总是历史地和一定的文化相关联。语言是文化的载体，是文化的结晶。语言像一面镜子，反映着民族的全部文化；像一个窗口，揭示着该文化的一切内容，是文化的活化石。语言既是文化的表现形式，又是文化的重要组成部分。掌握了一种语言就是掌握了这个语言圈的文化价值体系。"各种语言本身只能在蕴藏着语言的文化背景中才能被充分认识，语言和文化总是一起被研究的。"帕尔默（L.R. Palmer）说："语言的历史和文化的历史是相辅相成的，它们可以互相协助和启发。"

（五）文化是语言和世界的中介物

世界上有几千种不同的语言，物理世界是一个连续的整体，各种语言分别对物理世界进行了切分，但是语言符号在反映物理世界的时候并不是一一对应于物理世界，在语言符号与物理世界之间存在着一个中介物——民族的文化世界。换句话说，语言是在文化的折射下表现物理世界的，是民族文化影响和制约着语言符号对物理世界的反映、摹写，于是产生了语言的民族性。对文化的中介性，心理语言学家沃尔夫森（Peter Wolfson）在《语言文选》（*Language-Introductory Readings*）中从心理学和生理学角度做了精辟的分析：

我们均有近乎类同的生理器官——能听的耳朵、能看的眼睛、能嗅的鼻子、会尝的舌头、有触觉的皮肤——去观察世界。现实对大家应当是一样的。然而，我们的神经系统却受着不同类型、不同强度、不同时间的持续感觉流冲击。虽然不是所有感触都潜入我们的意识，它们都被某种过滤系统压缩到可控的程度……（这种过滤系统）为我们提供了一副特殊眼睛，去强化某种感触，弱化其他感触。为此，虽然所有感触都进入神经系统，而只有部分感触才变成意识。

沃尔夫森所说的这种过滤系统，从社会语言学角度讲，就是一个民族的传统文化。从这个意义上讲，一种感触进入意识，又通过约定的符号——语言表达出来的全过程，就是民族文化传统和习俗对事物反映、鉴别、限制和影响的全过程。所以在一个特定的语言和文化传统中成长起来的人看世界，跟一个在其他传统影响下成长起来的人看世界，其方法是不同的。例如："红色"的物理性对各民族都是一样的,但是汉语赋予"红"积极的联想——吉祥、喜庆(如红事)、兴旺(如红火)、革命(如红旗、红军)、顺利、成功(如走红)、美丽、漂亮(如红装、红袖、红颜)等,而在英语里 red 是一个贬义色彩相当强的词,有 red flag(使人生气的东西)、see red(使人发怒)、red alert(空袭警报)、a red light district(红灯区、色情活动区)等。语言是思想的现实反映,如此大的差异,就是人们在认识红色时由于过滤系统的作用强化了不同的思想感情进而在语言上表现出来的结果。这种文化的差异和随之而来的语言差异给跨文化交际带来困难,跨文化交际中的语用失误基本上都与此有关,所以"利用文化的其他方面的某些知识对语言做出的描述将会对语言作为一种符号交际系统在社团中的作用提供更加全面的说法"。

第二节 交际文化与能力

一、交际文化

1984年,张占一先生在《汉语个别教学及其教材》一文中首次提出了"交际文化"的概念,他把语言教学中的文化内容分为知识文化和交际文化两种。"所谓知识文化,指的是两个不同文化背景的人进行交际时,不直接影响准确传递信息的语言和非语言的文化因素。所谓交际文化,指的是两个文化背景不同的人进行交际时,直接影响准确传递(即引起偏差和误解)信息的语言和非语言的文化因素。"也就是说,直接干扰信息准确传递,并引起理解上的偏差和误解的,就是交际文化因素,否则就是知识文化因素。这种对知识文化和交际文化的定义是动态的,具有辩证性。学习者不懂某些知识文化固然不好,但不会造成误解。如果不懂交际文化,就会直接影响交际效果,引起误解,或出现问题。

知识文化和交际文化在概念上具有交叉性、对比性和相对性。张占一先生曾用"长城"一词举例说明,在对外汉语教学中,向初级阶段学生介绍北京时,可能会提到"长城",这时只需告诉学习者其英语含义是"the Great Wall"就可以了。虽然在英国或美国没有一条和中国长城一样长的护城墙,可学习者从翻译中也能悟出它的含义,使用时不会发生误解。可是到了中高级阶段,课文中可能会出现毛泽东主席曾说过的"毁我长城"的话,这里的"长城"不再是原来的意思了,而是"中国人民解放军"。这个例子说明,在通常情况下,某词或某句的文化含义是属于知识文化的范畴,但在特定情况下,其含义有了引申,就属于交际文化的范畴了。事实上,在交际的发生过程中知识文化和交际文化一般都同时参与，因此，从长远观点来看，知识文化和交际文化在语言教学中对学习者跨文化意识的培养都是非常重要的。例如，拉多（Lado）在《语言教学：科学的方法》（*Language Teaching: A Scientific Approach*）一书中就指出过："我们不掌握文化背景就不可能教好语言。语言是文化的一部分，因此不懂得文化的模式和准则，就不可能真正掌握语言。"从上述引文中可以看出，在进行外语教学的同时需导入与目的语有关的文化内容，这在目前已成为国内外外语教学界的一种共识。从外语学习者的角度来说，学习一门外语既是为了掌握一种新的交际工具，也是为了学习和理解目的语的文化。只有在外语教学中注意文化导入，在外语学习中注重文化习得，培养交际能力，才能加深对目的语国家的文化的理解，从而在跨文化交际中消除由于文化差异所造成的语用障碍和语用失误，并在跨文化言语交际过程中做到交际双方情感相互沟通，保证言语交际的顺利进行。

二、交际能力

社会语言学理论指出语言能力不等于交际能力。交际能力，英语称"communicative competence"，最初是在1922年由美国社会语言学家海姆斯（Dell Hymes）针对乔姆斯基（N. Chomsky）的语言能力（linguistic competence）这一概念提出来的。在《论交际能力》（*On Communicative Competence*）一书中，海姆斯认为，交际能力不仅包括语法形式的正确、语言的可接受性，还必须考虑语言的恰当性（appropriateness）。海姆斯提出的交际能力可以认为是一个人对潜在知识和能力的运用。他认为，交际能力包括以下几个方面的系数：语法性、适合性、得体性、实际操作性。换言之，海姆斯认为一个人的交际能力包括语法、心理、社会文化和概率等方面的判断力。卡纳勒（Canale）和斯温（Swain）则将语言交际能力定义为成功地运用语言知识实现交际目的的能力。他们认为交际能力主要涉及四个方面的知识和技能，即语法能力、社会语言能力、语篇能力和策略能力。威多森（Widdowson）则认为语言交际能力指一个人总的语言知识和按照约定俗成的规约运用这种语言知识的能力。可见，语言知识和语言应用能力在当代语言学家们看来不再是相互割裂的，而是统一的，两者不可或缺。从一般意义上来说，交际能力是一个人运用各种可能的言语和非言语（如手势语、面部表情等）手段来达到某种交际目的的能力，这种能力实际上体现了一个人的整体素质，它涉及许多方面的因素，其中包括：语言知识、文化知识、文体知识及其他知识；认识能力；情感因素；交际动机；个人品质；性格和习惯等。由此可见，交际能力是一个复杂的概念，它涉及语言、修辞、社会、文化、心理等诸多方面的因素。交际能力的最大特点就是其涉及范围的广泛性，各种因素处于不同层次，互相作用，互相制约，形成一种极为复杂的知识和技能体系。交际能力的另一大特点是它的相对性。所谓交际能力的相对性，就是说交际能力并没有一个具体的标准。"达意"（getting meaning across）也许是交际能力的最低要求，不存在交际能力的最高限度。同样的交际意图，由于语言的使用者使用了不同的语言形式和表达方式，便会产生不同的交际效果，反映出语言使用者不同程度的交际能力。即使是同一个语言使用者，在不同的场合和语言学习阶段也会表现出不同的交际能力。

学习外语是为了获得交际能力，而交际能力的提高依赖语言知识和各种非语言知识的逐步积累。外语教学中，教师在强调语言知识传授的同时，应向学生传授与语言知识有关的其他各种知识，包括语境知识、世界知识，并特别注意培养学生的跨文化意识。桂诗春教授认为，交际能力应该包括四个方面：一是语言能力，也就是语法、语音、词汇的知识；二是社交语言能力，也就是交际者在言语事件中不同的说话风格与侧重；三是话语能力，即学会用语言来做事；四是应对能力，指的是谈话技巧。这四种能力都同等重要，忽视了任何一个方面都会影响交际能力的培养。然而中国传统教育对学生交际能力的培养，侧重语言能力的提高，却忽视了其他方面，结果学生以为只要掌握了正确的语法和大量的词汇，用目的语交流就易如反掌。其实不然，这样培养的结果就是学生不知道怎样得体地开始和结束一段对话。因此，正确认识交际能力是十分必要的。在培养学生跨文化交际能力时，既不要侧重某一方面，也不要忽视某一方面。

第三节　跨文化交际

一、跨文化交际概述

跨文化交际（intercultural communication）是指发生在不同文化背景下的人们之间（包括不同国家的不同文化之间和同一文化体系内部不同亚文化之间，本书指前者）的交际活动。在论述跨文化交际之前，先概要地介绍一下交际这一基本概念。

交际一词在英语中是"communication"，含义比较复杂，其基本的含义是"与他人分享共同的信息"。国内外对交际的界定莫衷一是，有100多种定义，基本上可以分为两大派：一是"说服"派，如卡尔·霍夫兰（Carl Hovland）认为，交际是信息发送者通过渠道把信息传给信息接收者，以引起反应的过程，即传送者传递刺激，以影响接收者行为的过程；另一派为"共享"派，该派认为，交际是一个人或数个人所独有的信息化为两个人或多人所共有的过程。可见交际活动的本质就是把单个人联络在社会的关系网络之中。人是社会的动物，单个人必须通过交际活动同他人结成某种关系构成社会才能很好地生存下去。这里我们把交际定义为：信息发出者和信息接收者（这里指人与人之间，不指组织之间）传递信息、交流思想感情的社会文化活动。需要说明的是，交际不等于沟通。发出信息，对方懂了，这是交际，也是沟通；发出信息，对方莫名其妙，这不是沟通，只是交际——不产生效果或产生反效果的交际。在不同民族之间，这种事例屡见不鲜。

从交际的方式上看，人类的交际活动包括语言的交际和非语言的交际，语言交际最为重要。其他交际手段，如手势、实物、图画、身态、服饰、体距等，都是辅助性的，都不能同语言交际相提并论。人类是能够运用符号交际的动物，这种符号就是语言。没有语言的帮助，人类的交际活动就不可能如此卓有成效，如此丰富多彩，人类社会就不能进步得如此之快，人类文明也就不能达到如此之高的境界。

交际模式有多种表述方法，有拉斯韦尔交际模式、香农交际模式、施拉姆交际模式、德弗勒交际模式等，这几种模式各有优缺点，在这里我们不对此一一做出评判。根据研究的需要，我们采用施拉姆环式交际模式，在该模式中，发送者和接收者在解码、阐释、编码、传递、接收时，形成一种环形的、相互影响的和不断的反馈过程。

这一模式对人际交流的情境具有概括性和适应性，不仅是一个宜于分析人际交流的模式，而且有助于我们理解跨文化交际。

从这一模式可以看出，交际全过程包含三个阶段和若干要素。

三个阶段是发送阶段、传送阶段和接收阶段。交际的基本要素有：

（1）信息。指能够传递并能被接收者的感觉器官所接受的刺激。

（2）发送者。指发送信息的主体（本书指发送信息的人）。发送者发出的信息有时是有意识的，有时是无意识的；有时是自觉的，有时是不自觉的；有时是有目的的，有时是无目的的。

（3）编码。指发送者通过自己的"码本"对语言符号的选择，将它们根据所选用语言的语法规则，依据一定的思维方式组合起来，从而构成外在形式的信息。

（4）渠道。指信息得以传递的物理手段和媒介。

（5）接收者。指接收信息的主体。

（6）解码。指将接收到的信息通过自己的"码本"翻译出来，赋予意义。

信息解码后的意义与发送者原意有重合、增加、减少、矛盾等情况。

在交际的诸多要素中，最重要的有三个：发送者、接收者和经过编码的信息。交际离不开人，人不是生活在真空中，而是生活在复杂的社会环境中。这里的社会环境，指的是人们的生存方式、怎样交往和如何相处的情况，这种社会环境就是文化。人们在一种特定的文化中成长，其在习得语言的同时也习得了该文化的言谈规约、社会规范，交际双方各自不同的背景和经历都会影响交际活动。如果交际双方来自同一文化背景的社会，他们之间的交际是同文化交际。如果交际双方来自不同文化背景的社会，他们之间的交际就是跨文化交际。无论同文化交际还是跨文化交际，都无法与文化分离。因为语言是以民族文化为其中介物来反映和表现世界的，语言的运用本身就是一种文化行为，表达的效果是一定文化的产物，文化也是制约正确解码的一个重要因素。如果没有必要的文化背景知识，正确的解码几乎是不可能的。从这个意义上说，交际活动就是一种文化现象。

既然交际活动无时无刻不受文化的影响，那么作为属概念的跨文化交际也不例外，文化因素同样影响跨文化交际的全过程，特别是对发送者、接收者、编码、解码等要素都会产生很大的影响。

跨文化交际时，交际双方各自处于不同的文化背景之中，双方交际过程中的编码和解码是按自己固有的思维模式和认知水平进行的，不论编码还是解码都具有鲜明的文化差异性，即使是最简单的交际行为也会反映（或遵从）一定的文化模式。比如，在英国，听见人家打喷嚏，有人会说"God bless you"；在中国广东南部，听见人家打喷嚏，也有人会说"吉星！吉星！"可见打喷嚏这件事，两国都有人觉得不妙，然而，这里仍然有个区别——英国人求助于上帝，中国人求助于宿星。

人的言语行为也不例外，每个群体都有自己的言语行为准则，故语言模式也不尽相同。人在言语交往中说什么，以及怎么说都不仅是他个人的事，都还要受到文化模式的影响，交际双方都以自己的文化与语言和对方形成差异，他们的交往就是一种两个文化世界的人运用两种不同的语言进行的交往。如果一方以一种语言文化模式进行编码，而另一方以另一种语言文化模式进行解码，那么这种跨文化交流的结果就是形成多种多样的语用失误。文化差异是形成跨文化交际中语用失误的最主要的原因。只有把握了文化差异并采取相应的措施，跨文化交际才可能顺利进行，才能够获得预期的交际效果。

二、对外汉语语用中的交际研究

贾玉新在《跨文化交际学中》把交际概括为："交际是符号活动，它是一个动态多变的编译码过程,当交际者把意义赋予言语或非言语符号时,就产生了交际。交际受制于文化、心理等多种因素。跨文化交际是指不同文化背景的人们之间的交际;从心理学的角度讲,信息的编译码是由来自不同文化背景的人所进行的交际就是跨文化交际。"外汉语语用研究是一种对语言运用的研究,它所关注的是人们在使用汉语进行交际的过程中语言形式在特定的情形中体现出来的意义。而对外汉语交际属于跨文化交际的范畴,语言的运用总是在一定的环境下由一定的交际主体进行的。因此,对外汉语交际与对外汉语语用是水乳交融的关系。在对外汉语语用研究中,探讨交际中各要素之间的关系,分析语用过程中的对外汉语交际,探讨对外汉语教学中对交际产生影响的因素,对于更好地研究对外汉语语用有着积极的作用。

(一)言语交际主体的跨文化研究

在对外汉语交际中,言语主体以交际为过程和目的,所以称为言语交际主体。言语交际主体一方面为中国人和掌握汉语的外国人之间的交际,另一方面为以汉语为交际语的外国人之间的交际,我们主要讨论的是第一方面的交际情况。但无论是哪种交际,都要受到各个国家文化的影响。各个国家的人们生活在各自特定的文化背景中,在宗教信仰、风俗习惯、道德观、价值观、伦理观等方面存在巨大的差异。因此了解交际主体的文化差异是顺利进行跨文化交际的基础和前提,重视目的语文化与母语文化的差异,以便在跨文化交际中做到知己知彼,顺利交流。由于对外汉语交际中,交际语言以汉语为主,故而了解汉文化以及汉文化和他文化的差异至关重要。

语言是思维的工具,也是思维的轨迹。不同的语言承载着不同的文化,不同文化背景的人们的思维习惯和思维特点也必然存在着差异。以儒学为主导的中国传统文化的基本精神是"天人合一",也就是说天(宇宙自然及其规律)与人(人类行为和社会准则)是一而二、二而一的事情,这种人与天之间维持着某种和谐统一的关系进而确保人处于宁静怡然状态的思想使汉民族总是习惯上从整体把握对象,思维特点是整体综合的、概括的。而英语民族在考虑问题时以主体为中心,从小到大,由远及近,进行个体分析,强调个体,突出个体。天人相分和物我对立使他们的思维模式以逻辑分析为其特点。所以,汉语言讲究含蓄,隐而不外露,赞赏一诺千金、高度的献身精神。西方文化崇尚人本论,事事以人为中心,语言寓意平素,话语表达快速而直率,尊重个人个性。不同文化的特点表现在语言中,在跨文化交际时难免会倾向于以自己的文化习惯为中心,认为自己的文化是天经地义、自然而合理的。交际时表达者通过语言编码把自己的意思传达给受话人,相同文化背景的人在编码发送的过程中也难免会出现"辞不达意"的情况,更不用说不同文化背景的人了。由于交际双方来自不同的文化背景,文化差异造成的交际困难与障碍,会远远超过在相同的文化背景中所遇到的困难。因此,在跨文化交际中,我们应随时注意将目的语文化与母语文化进行比较,并找出差异,以便正确而得体地进行跨文化交际。

对外汉语交际也是跨文化交际。在对外汉语交际中,目的语为汉语,但是外国人的母语文化则大不相同,了解汉文化的同时适当地了解外国人的母语文化也有助于对外汉语交际的顺利进行。以东亚文化为例,日本受西方影响甚深,虽保留着一定的汉文化的余韵,但影响已微乎其微。所以,在日本没有春节,圣诞节是最重要的节日。而韩国文化中仍有相当一部分和中国文化一脉相承,所以在韩国,圣诞节在年轻人中很重要,同样重要的还有中秋节和春节。了解到这一点,在对外汉语交际中,适当地求得文化认同将有助于交际的友好进行。

由此可见,人们在对外汉语交际的过程中,一定要遵循话语所涉及的文化规约和语言规约,尽量顺应交际双方的语境,否则就会产生交际障碍,导致交际失败。同样,在对外汉语交际中,首先需要了解目的语文化,并进一步了解交际对方的文化,在此基础上,培养和提高自身的跨文化语境认知能力,顺应和协调文化差异,使个人的语言行为顺应社会、文化和政治环境,达到语言交际和社会文化之间的默契。

1. 言语交际主体的思维变异

人类的文化和语言是密不可分的,而语言的形成又和思维有着千丝万缕的联系。不同民族的思维方式是千差万别的,是不一样的,因此各民族语言也是不尽相同的。语言的功能、意义以及得体性与表达方法是一致的,即与各民族的思维方法有直接关系。语言是一个民族进行思维和感知的工具,每一种语言都包含了一种独特的世界观。语言习得的完成,是某种思维方式形成的标志。有些留学生在学习汉语时往往会出现"外国汉语现象",也就是说,留学生在学习汉语时,往往会用母语的思维去想象或运用,就像一个人如若一旦首先习得了汉语,形成了中国式的思维方式,他将不可避免地在其母语使用中夹带中国特点。

任何语言一定的语义结构必须用和它相对应的形式结构来表达,而语义结构又反映了一个民族的思维概念。学习一种语言,如果不了解这种语言现象的形式结构,就无法了解这种语言显现的语义关系,即思维概念。即使了解这种语言的语言形式,不了解它的语义形式,留学生在学习汉语时也会不可避免地受到母语思维的干扰，例如，韩语中句子的基本语序是"主语—宾语—谓语"，但汉语中句子的基本语序是"主语—谓语—宾语"。韩国留学生学习汉语时往往会受到韩语的干扰，比方说刚开始学习时受到韩语句序的影响，把"写三遍"说成"三遍写"，把"吃饭"说成"饭吃"。汉族人的思维习惯的特点决定了汉语词语结合的特殊性，这一特殊性就是利用语义的索链作用。无论是语素组成词，短语组成句子，分句组成复句，联系的手段往往不是语法成分，而是语义的条件。只要是语义合乎事理，能够搭配，就可连载以期成为一个句子，也就是我们常常说的意合法。这种意合法的信息传递由外围语义成分所承载，使汉语常常能以简洁的表层形式表现丰富的深层意义，表达多层内容，从而增强汉语的表现力。汉语中常用的对偶、对举的平行结构辅助意合，反映了汉人的思维习惯和特点。这种思维特点来自"对立统一"的哲学思想。这种深厚的哲学思想对汉语言产生了极大的影响，例如，东与西是相对的，汉语中以东、西为方位的起始点。汉语中的许多对立词也反映了这一思想，例如，左右、日夜、朝夕、男女、死活、往返、来回等。从大到小的思维方式也反映了汉语在时间和地点的表达方面的不同。例如，汉语先说国名、省名、市名、路名。

汉族人习惯于通过经验知觉，即观物取象来形成概念，在思维方式上，具有直观性，也就是具象思维的特点。人们往往凭借已有的知识和经验，对客观事物的本质及其规律性来洞察、识别、理解和做出整体判断，因而所得出的结论多带有一定程度的猜测性和预见性。这在词汇方面也有反映，汉语词汇的形象性要比英语丰富，构词方式也多种多样，表达功能可以引起具象联想。

在对事物的研究方法上，中国传统哲学一般都注重直感体验和整体的综合。这种哲学观强调事物运动是由于事物内部存在两种相反的力量即所谓"阴阳"相互作用造成的，因而在思维方法上总是长于从整体发展上综合地把握事物的本质和内在联系。

作为言语主体的留学生来自不同的国家和地区，他们的思维方式迥异，但是他们学习汉语时要用汉语的思维方式去思维，因此他们的思维方式便在母语思维方式和汉语思维方式中转换，因此他们的思维方式可能会是母语思维方式和汉语思维方式的结合体。这些留学生的相同点是学习用汉语来进行思维，这就需要他们了解中国人的思维方式、思维定式和思维习惯，并把其和自己国家的思维方式做一比较，以最快的速度接受中国人的思维方式，这样才有助于他们进一步学习汉语并有所提高。

2. 言语交际主体的文化依附矛盾和交际文化因素

（1）文化依附矛盾。

"吃了吗？""去哪儿？""最近忙什么？"等日常用语，话语寥寥，却能使精通汉语和汉文化的人感到来自他人的关怀，而初学汉语的少数民族学生、欧美甚至是亚洲的留学生则会产生两种反应：一种是做出事实性的回答（出于礼貌等原因），一种是不理解甚至产生厌烦情绪，其原因大体上是文化上的问题。

当今世界文化的发展需要多元化，需要保护不同的文化群落和文化生态。因为只有不同文化的互识、互补、互证，才能促进人类文化的发展，这已为历史所证明。在对外汉语交际中，如何使多元文化尽最大可能地合融，这是需要我们关注和解决的问题。

在跨文化交际中，交际的双方若不能进入同一文化背景之中，就容易产生不解或误解，从而使交际失败。正如托马斯（Thomas）指出："语法错误从表层上就能看出，受话者很容易发现这种错误。这种错误一旦被发现，受话者便会认为说话者缺乏足够的语言知识，因此可以谅解。语用失误却不会像语法失误一样被看待。如果一个能说一口流利外语的人出现语用失误，他很可能会被认为缺乏礼貌或不友好。他在交际中的失误便不会被归咎于语言能力的缺乏，而会被归咎于他的粗鲁或敌意。"

留学生来自不同的国家和地区，代表了各自不同的文化群体。他们置身于同一个汉语文化环境中，所以他们在存有个体差异的情况下，不同的文化群体会产生不同的文化依附矛盾。这种文化依附矛盾可能是表层上的对汉语文化环境的某种程度的不适应，如称谓语、招呼语和告别语的使用。在汉语文化中，这些语言的使用完全没有想打听别人私事的意思，随便应付一句即可，完全没有必要认真回答，但是留学生可能有这种汉语文化和母语文化的冲撞所带来的不适应，这就是一种文化依附矛盾。有时他们用的是汉语，但所依附的可能是母语文化。除了语言以外，非语言行为也可能会产生这样的文化依附矛盾，如手势或体态的运用。可能是深层次上的固有的价值观、审美观、行为准则和生活方式的固守，留学生们往往在使用汉语的时候，头脑里出现的则是和母语文化相适应的思想和观念，当然这是很难或者无法改变的。例如，很多韩国留学生在和老师打招呼时往往鞠躬致意，而不是用中国化的点头来打招呼，这是由于保留了韩文化中的生活方式和行为准则的缘故。礼貌是各国文化中都具有的一项基本内容，但是礼貌的表达方式则是深层文化的一种反映。这种深层的文化反映虽然也可称为文化依附矛盾，但是这种矛盾没有必要消除，只能以尊重的态度去对待。

在不同的国家特有的社会文化中成长、生活的，难免在有意无意之间将这种文化渗透到汉语中去，进而使汉语"本土化"，并得以再生，所以难免有"外国汉语"的情况出现。由于中外文化有着各自的显著差异，使得外语国家的外语不能完全适用于中国国情。同样，汉语在被留学生接受时往往也会打上本国语言的烙印。在用母语表示中国社会文化中某些特有的事物与现象时，经常发现空词项，即母语中无对应表达法，出现了表达真空。这时人们常通过音译、借译、语义再生等手段，使汉语词汇进入母语交际。由此可见，外国汉语的特点主要是由母语持有者所固有的思维模式和他们特有的社会文化所决定的。由于留学生的母语各不相同，所以他们出现的"外国汉语"现象也不尽相同，其中词汇方面的较多，例如，"我偷偷去料理教室学习。"（一日本留学生造的句子）在韩语和日语中都有"料理教室"这个词语，所以他们直接用这个词汇来表示"去学习做饭"。如果了解了留学生的母语文化之后，在交际和沟通上便不会构成太大的困难。

（2）交际文化因素。

美国著名的文化人类学家泰勒认为文化是一个"包括认识、信仰、艺术、道德、法律、风俗以及人类在社会里获得的一切能力与习惯的复合的整体"。语言是文化的载体，一个民族的思维方式带有深深的文化印记，一个民族的言语交际活动会折射出该民族的文化模式，社会文化积淀创造了人类语言的深层模式和其所体现的人类把握世界的方式，它以符号系统为中心，形成一种文化关联域，规约着各种具体的文化形式。萨丕尔的《语言论》中说："语言不能脱离文化而存在，就是说，不能脱离社会流传下来的、决定我们生活面貌的风俗和信仰的总体。""言语是一种非本性的、获得的'文化'的功能。"张占一先生在1984年提出了"交际文化的概念"。他认为："所谓交际文化，指的是两种不同的文化背景熏陶下的人，在交际时，由于缺乏有关某词、某句的文化背景知识而产生误解。这种直接影响交际的文化知识就属于交际文化。"他还指出："所谓'交际文化'，我们也可以理解为隐含在语言系统中的反映一个民族的价值观念、是非标准、社会习俗、心理状态、思维方式等跟语言理解和语言使用密切相关的一种特殊的文化因素。"文化对人们的言行有很大的约束力，对人的思维方式和思维观念起着一定的影响，并在语言中一一反映出来。使用语言需要文化知识，理解语言同样需要文化知识。不知道《三国演义》、牛郎织女的故事和孔子其人，就不了解"唱空城计""'牛郎织女'问题"（用"牛郎织女"作为"长期分居两地的夫妻"的代称）和歇后语"孔夫子搬家，尽是书（输）"的含义。在和人物有关的词语中，形容一个人说话啰唆,看过鲁迅的小说《祥林嫂》的人经常用"你怎么像祥林嫂一样",而没有这一文学知识的人既不会这样表达,也不会理解其言外之意。没有看过《红楼梦》的人不会用"像刘姥姥进了大观园"来表达遇到什么事情、什么情况都觉得新鲜、好奇,见识短浅。

在对外汉语教学中,语言是文化的附属,是文化的载体,是文化的反映,即语言是文化的一部分。"严格地讲,文化和语言不是一般的并列关系,而是部分与整体的关系,文化包括语言。""语言是文化中一种特殊的文化。"所以对外汉语教学中不可避免地要有一些文化因素。培养学生使用汉语进行交际,对中国文化的了解当然多多益善。不了解中国文化很难用汉语进行交际。有关的文化知识进入言语交际并且影响交际顺利进行的时候,就变成了语言教学意义上的文化因素。文化因素和语音、词汇、语法一样,是语言教学中的一个因素。以词为例,例如,"老黄牛",其引申义是指埋头苦干的人,汉族人常把埋头苦干的人喻称为"老黄牛"。当我们用"老黄牛"的形象比喻一个人的劳动态度的时候,这种崇尚埋头苦干的民族精神便是语言中的文化因素。

学习第二语言和文化时,必须同步并进,语言学习不能独立于文化学习之外,二者是相辅相成的关系。汉语言和文化有着密切的关系,所以在汉语学习中,要注意学好中国文化。许多汉语语言成分只有挖掘出它包含着的中国文化内涵后,才能得到完满诠释。汉语的语言单位,特别是词语,体现了人们对客观世界的认识和态度,记录下了民族和社会的历史发展过程,他们和中国的历史文化有着千丝万缕的联系,呈现出中华民族的文化个性,例如,"红娘""马大哈""太上皇""穿小鞋""大锅饭""走过场""对台戏""朝秦暮楚""白手起家""打退堂鼓"等大量词语,不讲明其文化内涵,单从语言形式上是无法讲清其深刻含义的,也不是简单地用媒介语对译就能解释其文化意义的。学生学了这样的词语,也知其对译的词语意义,但如果不了解其中的文化因素,往往难以形成有效而又得体的语言交际能力。

当然这里也有一个文化的负迁移作用的影响,任何一个人,特别是成人,头脑中已有对事物的认识和观念,当他们学习或接受一个新的东西的时候,总会自觉不自觉地用已有的观念、知识来分析和评价新的东西,用已有的先入为主的成分结构作基础来消化吸收后来的成分。所以留学生在学汉语时,往往会用其母语和与之相应的文化系统来对汉语、汉文化进行自觉或不自觉的对比、评价和选择,相同的就顺利接受,不同的就会自觉或不自觉地产生抵触情绪,甚至运用时"削足适履"加以改造,如改造得不好,其结果可能会面目全非,造成语言上的错误或文化上的误解。所以,在对外汉语教学中,要使学生正确接收信息，必须要进行适当的文化教学，以使他们正确理解语言中蕴含的文化因素，从而更好地学习语言。

文化因素没有独立的物理形式。在言语交际中，它依附于语言的其他子系统中，隐含在语言的词汇系统、语法系统和语用系统中。文化因素的隐含性和依附性是它最本质的特征，它的存在是通过其他语言要素的形式显现出来的。我们主要以词汇系统为例来说明文化因素的本质特征。词汇在教学中解决在什么情境下说什么和怎么说的问题，而文化因素的内容则是解决为什么这么说的文化底蕴。例如，"饺子"一词，这个词的指称意义是"半圆形的有馅儿的面食"，留学生对这个词词义的理解并不难，但是留学生却很难理解"那时候，他们家过年连饺子都吃不上"的内在含义。只有明白了"汉族人过年一定要吃一顿饺子"这一民族风俗，才会对这一句子有进一步的理解。

以汉字为例，汉字中的文化因素十分丰富，而汉字中的文化因素又集中表现为它的象似性。索绪尔认为语言符号的能指和所指之间没有必然性的联系，是任意的，但汉字和汉语中表概念表事物的词之间的联系是明显的，如象形字。形体反映概念，反映事物，是概念、事物经人脑加工，同时产生心理作用，移情于物，映物成像而成的符号系统。这一符号系统与汉语语义网络，与说汉语的人所要认识的外部客观事物和反映客观世界的主体概念系统是完全匹配适应的。例如，"明"字，《易·系辞下》说："日往则月来，月往则日来，日月相推而明生焉。"表示日月交辉使大地更加明亮。所以"明"从字面上就可看出是表示明亮、光明的意思，后来渐渐引申为"明白、明确、清楚"等意思。又如，"吻"字，《说文解字·口部》说："吻，口边也。从口，勿声。"所以说"吻"的本义是嘴唇，后来引申为用嘴唇接触人或事物表示爱意。再如，"孝"字，由"老"和"子"组成，为会意字，好像一个孩子扶着一个老人行走。《说文解字·老部》："孝，善事父母者，从老省，从子。子承老也。"我们通过"日"和"月"同辉就可以联想到大地一片明亮，通过嘴唇这个亲密部位的接触可以联想到一种表达爱意的行为，通过孩子扶着老人行走可以联想到尊老、爱老、敬老的社会观念和作为中华民族美德的"孝"的精神。

同样，词语中也会有文化方面的因素，例如，由于民族特殊的历史背景所产生的反映本民族特定概念的文化词语。例如，"月老""红娘""团圆""推敲""拍马""伯乐""关公""诸葛先生""牛棚""知青"等词语的意义就是由历史文化的遗存和发展所形成的。常用的反映当今社会文化变迁的新词语，例如，"离休""下海""初级阶段""大腕儿""下岗"等。体现一定文化的定型的习惯用语，主要包括成语、惯用语、歇后语、俗语、谚语、格言等。汉语中有些词语和语句对于第二语言学习者来说，字面意义能懂，但对其所表达的真正含义即文化含义却并不理解，例如，汉语中"什么风把你吹来了""无事不登三宝殿""太阳从西边升起来了""个人问题""吹牛皮""开夜车""煞风景""乱弹琴"等一类惯用语，往往是由一定的修辞手段产生语义变异而造成的，在教学中须点明其真实的含义。

在对外汉语交际中，因为文化的关系会产生一些交际误会和冲突，例如，某词、某物、某现象只存在于母语或目的语文化中；对同一词语、同一事物或同一非语言行为，因母语文化和目的语（汉语）文化所赋予的含义或感情色彩不同，而产生误解和冲突，如颜色词的使用；还有就是留学生已经掌握了目的语（汉语）中某个词语或句子的本义，但因为他不懂汉文化背景和使用的特殊场合，仍然用所掌握的原意去理解这个词语或句子，即"望文生义"，因而导致误会与冲突。例如，对"拍马屁""二百五"等一些俗语的内在含义的理解，如不了解其所蕴含的文化因素，很可能理解的与其意思风马牛不相及。在世界上的所有语言中，一般而言，词的客观意义只有一项。两种不同的语言虽然可能存在差异，但它较少受母语文化的规约，具有比较独立、稳定的客观实在意义。而词的主观语义，则深受母语文化的熏染，是母语观念、制度、行为、习俗文化附加其上的特殊含义。而这部分含义正是跨文化交际者和第二语言学习者在理解、运用上发生误解和冲突的最突出的范围，有人称之为"布雷区"。这种文化附加语义是引起跨文化交际误解、冲突的最敏感的区域。因此，在进行汉文化教学的时候应引起特别的注意。

从某种意义上来说，对外汉语交际过程中的文化误解和文化冲突现象，是理解和揭示汉文化教学中交际文化因素的重要通道。但是，要想正确理解和揭示跨文化交际过程中的误解和冲突，并进一步在此基础上系统掌握汉文化中的交际文化因素，就必须从跨文化交际的现实出发进行对比研究，找出其中的文化差异点。这种文化差异往往通过跨文化交际的具体语言或非语言行为显现出来。正如吕必松先生指出的："这类文化因素对语言和交际有规约作用，但是本族人往往不容易觉察，只有通过对不同民族的语言和交际的对比研究才能揭示出来。"具体来讲，揭示交际文化因素时的对比方法很多，其对比的结果主要反映在语言的构造、语义系统、语言的运用等方面，而且对比时主要是以母语为其参照语。主要体现在以下五个方面：第一，汉语和参照语皆有，而且含义相同。第二，汉语和参照语皆有，且含义相近或部分含义相同或相近。第三，汉语和参照语中皆有，发音相似，但含义完全不同。第四，只汉语中有，参照语中没有，特别是一些称谓词，例如，汉语中爷爷、奶奶和外公、外婆是不同的称呼，但是在英语中，"granny/grandma/grandmother"既是"外婆"也是"奶奶"，"grandpa/grandfather"既是"爷爷"也是"外公"。第五，参照语中有，而汉语中没有，这种词语往往会随着社会经济的发展逐渐出现，主要是以音译词的形式存在，当然，现在的音译词主要是从英语中音译过来的，例如，很早以前的咖啡、沙发等词到现在的"伊妹儿""附客"等词。从词汇入手，通过对比找出差异，进一步明确这些差异在第二语言学习者的跨文化交际中起什么作用。其中，那些直接影响跨文化交际顺利进行的差异，就是需要通过教学而使学生习得的交际文化因素，例如古语词和历史词。

那么应该怎样明确这些交际文化因素并辅助教学呢？应该进行共时对比，要抓住当代鲜活的文化现象，用汉语现当代主体文化与第二语言学习者的当代主体母语文化相比。不能用第二语言学习者的古文化和汉族古代文化相比，这不能解决第二语言学习者在现实跨文化交际中的障碍。虽然学习者也对中国的古代传统文化有一定的兴趣，但大多数的学习者最为关注的还是现当代的社会文化生活。在教学中，可能会遇到现今仍然普遍存在的古语词和历史词。另外，还有一些词语现代汉语中经常使用的是它们的引申义或者比喻义，例如"逐鹿中原"，《史记·淮阴侯列传》记载："秦失其鹿，天下共逐之"，比喻"争夺天下"，现代社会用此词原义的很少，经常用它的比喻义，所以就需要在教学中讲清楚它们的本义和引申义及比喻义，这样才能在教学中排除因它们而引起的交际障碍。文化总是循着历史的规约，交际中使用的每个词，都是经过世代积累起来的文化心理经验的记录，对文化的历时研究无疑是研究现实交际文化的基础。但是，历时的描述是为解决共时中的问题服务的，教学的立足点和着眼点应是第二语言学习者现实的交际需要，对文化的介绍也要随着时间的推移而做相应的调整。有些外国人认为中国人还是明清时候的形象，原因就是他们对于已经变迁了的中国和中国文化缺乏历时的了解所致。处于改革开放中的中国，古老悠久的汉文化在世界经济一体化、知识经济时代的大潮中，受到前所未有的冲击和洗礼，在对少数民族、华裔、外国人讲授汉文化时，作为教师应该抓住这一变迁着的当代汉民族的主体文化，特别是改革开放后的汉族主流文化的新形态。

再就是主体文化进行对比，即用学生的母语主体文化和主体汉文化相比，例如，汉文化分别与维吾尔族文化、哈萨克族文化、蒙古族文化、朝鲜族文化、彝族文化相比。不能用主体文化与亚文化进行对比，也不能用亚文化与亚文化比，例如，不可以用外国留学生母语文化与某个少数民族的文化或地区性亚文化对比。在具体的教学活动中，可行的办法是"一对一"的对比，即用第二语言学习者母语文化与汉文化进行对比，找出直接影响交际的文化因素，避免交际误会和冲突，只有这样才能保证教学有针对性。

3. 言语交际主体的语言同异

（1）相同的言语交际主体用汉语进行交际。

相同的言语交际主体用相同的语言——汉语进行交际的同时，过多地掺杂使用自己国家的母语来进行辅助交际：这种交际是对母语文化的复习，即韩国学生用汉语进行交际的同时掺杂韩语辅助交际，日本学生用汉语进行交际的同时过多地掺杂日语辅助交际。这种情况对学习第二外语有很大的负迁移作用，所以在对外汉语教学中应尽可能地减少使用母语进行辅助交际情况的发生。

（2）不同的言语交际主体之间用汉语进行交际。

第一，母语为他文化的言语交际主体之间的交际，即留学生和留学生之间的言语交际。他们使用统一的汉语进行交际，这相对来说要难一些，因为他们使用的统一的语言——汉语，相对于英语或其他语言来说，学习起来有一定的难度，如果有一方汉语不是很好的话，他们之间的交流就会有困难。他们之间文化的差异体现为各自母语文化的差异，还有对目的语文化的理解的差异等。这种情况研究起来困难较大，因而暂不作论述。

第二，母语为他文化和母语为汉语的言语交际主体之间的交际，即留学生和中国人用汉语交际。他们之间用汉语交流的话相对来说要容易一些，因为这只取决于留学生的汉语程度和他对目的语文化理解的程度，而且，这也是一个学习的机会，在和中国人交流的时候还可以直接地学习汉语。该处所表述的言语主体主要是这种情况。这种方法便是学习汉语的最佳方法。当然，留学生来自不同的国家和地区，他们的母语大不相同，他们相同的一点是共同学习同一种语言——汉语，所以就必须了解汉语的特征，把汉文化和他文化语言进行对比，这样才能更好地了解汉语本身的语言特征，更有助于汉语水平的提高。

汉语区别于其他语言的一个明显特征就是汉语语序。语序一变，句子的意思就变了，词的语法功能也就不同了。以被动句为例，例如，"我被他打了一顿"。如若把"我"和"他"的位置改变一下，变成"他被我打了一顿"。意思就完全不一样了。从汉语和英语的被动句的对比研究来看，英语的被动句和汉语的被动句并不是对等的。说汉语的人对"被"字句的想法和说英语的人对被动句的想法相吻合的地方不多。英语被动句出现的频率虽然远不及主动句，但用英语写文章而不用被动句是不可想象的。汉语中"被"字句的使用频率是很低的，但并不是说，主语是受事的句子很少。汉语中有很多主语是受事的句子，这时有时会省略"被"字，例如，"杯子打碎了""饭做好了""书拿来了"等。

4. 言语交际主体的语言表达特点

交际是主体同其他主体之间相联系的一种活动，其目的是为了组织和完成某种共同的社会行为。现实中的交往活动对于某一个具体的人来说，总会受到生活空间、时间等语境的限制，但在交际活动中，作为"别人"的主体也是不可忽视的。在言语交际中，说话者和听话者是交际中的主体。但有时人们的表达，即使是准确的表达，也未必就能满足辞达的要求，因为最佳的表达除准确性外，还要有恰当性和灵活性。在"话不投机半句多"的言语交际中，发话者未必没有追求最佳交际效果的愿望，只是缺少受话者的有效合作，才话不投机。"对牛弹琴"的表达之所以激不起回应，是因为作为受话者的牛不能与弹琴的发话者进行审美交流。"对牛弹琴"的失败是因为受话者的缺席，而造成发话者一厢情愿的零交际。

在对外汉语交际中，母语为非汉语的人为接受主体，对外汉语教学是对外汉语交际的一种方式。在对外汉语教学中，教师是表达主体，学生相对来说是教师活动的客体，但如果想要充分调动学生的积极性，那么教师就要想方设法地把作为教师活动客体的学生转为主体的参与，形成主体和主体的交往，这样学生的积极性便会大大地提高。孟子就认为明晰的表达是明晰的理解的基础，《孟子·尽心下》说："贤者以其昭昭使人昭昭，今以其昏昏使人昭昭。"在孟子看来，贤人必先使自己彻底明白了，然后才去使别人明白；而现在的人，自己还模模糊糊，就想使别人明白，那自然是行不通的。要想进行交际，首先是交际主体，即作为表达主体的教师和作为接受主体的学生之间要有共同语言，不论这种共同语言是英语还是学生的母语，在教学初期，特别是教授汉语零起点的学生时，使用两主体都知道和明白的语言非常重要。故而，作为教授主体的对外汉语教师会说一些学生母语、了解一些学生的母语文化，对汉语教学也能起到辅助和促进的作用。因为教学的目的是要让学生明白，然后理解和接受，如果教师的表达使学生迷迷糊糊、似懂非懂，那不仅起不到应有的效果，有时还会妨碍师生间交际和教学的顺利进行。

对外汉语交际属于不同文化背景的主体之间的交往，这就需要了解不同文化间的差异，排除相关的文化障碍，尽最大可能达到文化的相融和共识。但是不同的留学生来自不同的国家，他们的交际具有复杂性的特点，这是因为：其一，不同的交际主体在进行交际时，虽然有时都用汉语，但是母语对其所用汉语的影响却不尽相同,就像韩国人说的英语和中国人说的英语也是有细微区别的;其二,有时他们使用的汉语和中国人说的汉语也有出入,这当然是母语或中介语的负迁移作用的影响,当然还有文化等一些别的因素所造成。所以,对外汉语交际中言语主体具有语言表达的复杂性的特点。

5. 言语交际主体的语言接受特点

中华民族的价值尺度渗透着一种群体意识,它习惯于从社会群体的角度审视个体,这种伦理观使中国人生活在社会评价中。"一个人总是想着别人会怎么评价他、怎么判断他的行为、议论他的为人等,也就是说,中国人生活在别人的接受之上。"

在对外汉语交际中,表达主体需要为表达做准备,如考虑接受主体的认同程度、文化素养及其所具有的语言理解能力,从而决定语言单位以何种形式出现更利于接受。由于表达主体和接受主体之间存在着这样或那样的主观差异,从而使接受主体很难绝对靠近表达主体,即表达主体的意图难以被接受主体领悟,所以说完全领会表达主体的意图是不可能的,只能最大限度地去理解和领会。不同的接受主体的言语经验、审美经验、文化经验都存在个体差异。

如果接受主体是中国人,一般比较认同不偏不倚的中和之境,这是受中国文化传统所奉行的中庸之道的影响所致。当表达主体提供的审美信息和大多数接受主体的审美趣味基本切合时,接受主体可能产生认同心理;当表达主体提供的审美信息和大多数接受主体的审美趣味不甚相同,或相去甚远时,便可能影响接受主体的认同心理,甚至导致接受主体的心理排斥,这也便是我们所说的"对牛弹琴",甚至"知音难觅"和"曲高和寡"的原因所在。

理解是以自己的知识背景为基础的,缺少理解的基础,就不可能有正确的理解,"多闻多见"而后才能够更好地理解"众言之长"。接受主体作为个体的人,他的主体经验的形成是一个开放的累积过程,主体经验作为一种规约性信息,储存在记忆系统中,接受者对给定话语的瞬间体悟,属于非规约性信息。当接受主体获取的非规约性信息和自己记忆系统中储存的规约性信息重合时,便产生相互关联和相互作用,它使得隐藏在接受主体无意识中的主体经验浮现到意识层面,这种意识和无意识之间的协同、转化关系不是封闭自足的过程,而是一个自我敞开的过程,一个不断建构的开放系统。不同接受主体受到各自的先在经验引导,会选择不同的角度去看待同一接受对象,甚至唯我独尊地去排斥其他角度。这是由于不同接受者存在不同的个体经验。大多数场合中的接受者是从探询表达意图出发从事接受活动,其间因为经验差异可能造成表达损失或扩展，但无论是损失还是扩展，如改观后的接收信息与表达信息指向同一方向，则信息内容仍处在同一结构关系中，不曾有所偏离，这样仍会取得较好的交际效果。而且从接受主体来说，他的言语接受能力是随着言语经验、审美经验、文化经验的不断丰富而逐渐增强的。

在对外汉语交际中，接受主体为母语是他语言的外国人，他们对中国汉语和文化的了解程度也在一定程度上影响着他们的交际能力。一般来说，可分为三种类型不同对待：汉语为零起点的接受者；掌握一定的汉语，汉语水平为初中等水平的接受者；汉语水平很高，对中国文化相当了解的接受者。对零起点交际者来说，如何使交际进行下去是至关重要的问题，所以这时可以使用中介语或者简单的接受者的母语来达到使交际顺利进行的目的。这样，对表达主体来说，掌握一定的外语是基础。对汉语为初中等水平的接受者来说，表达主体可以适当地使用一些表现中国文化的词语来扩充到交际表达中去，并且可以用简单明白的词语对其进行"解码"，以使交际范围进一步扩大。对汉语水平很高的接受主体来说，无论使用什么样的词语进行交际都不会产生交际障碍，这样就要考虑到交际中的辅助因素如得体、礼貌等因素对交际效果的影响和制约，尽可能使交际顺利进行的同时取得好的交际效果。

对外汉语教学有其自身的特殊优势及特点。对外汉语教学的主要对象是成年人（当然现在低龄化学生也在渐渐增多），他们学习汉语的目的各异，不同于儿童学习母语有漫长的自然模仿过程，而具有速成性质。吕叔湘先生说："把汉语作为外语来教，跟把英语或日语作为外语来教，遇到的问题不会相同；把汉语教给英国人，或者阿拉伯人，或者日本人，或者巴基斯坦人，遇到的问题不会相同；在国外教外国人学习汉语跟在国内教外国学生汉语，情况也不完全相同。"事实也是如此，外国学生学习汉语的难点和容易出错的地方是不尽相同的，从语言学角度来看是由于母语和汉语两种语言结构、语用以及思维方式的不同所造成的负迁移的结果。举例来说，日本人和韩国人学习汉语相对于西方文化国家的留学生来说较容易些，而且汉语水平提高得也较快。西方文化国家的留学生学习汉语相对来说较困难些，汉语水平提高得也较慢。这其中的一个原因是，汉文化和它所处的东亚文化有很多的相似性，日语和韩语中也有一些汉字；而东西方文化相差太大，反映在语言方面差异也较大，所以处于不同文化和语言的主体学习汉语的水平进度不尽相同，当然，这只是相对来说的。汉语水平的提高很大一部分也在于主体的努力程度。在对外汉语交际中，适当地了解不同主体所处的文化和他本身的语言水平对双方的沟通有很大的帮助，在对外汉语教学中也有助于更好地提高作为接受主体的学生的汉语水平。所以我们要有针对性地确定外国学生学习汉语的难点及特点，因材施教地进行教学。

（二）言语交际行为的语言和非语言特点

1. 从语音方面看言语交际行为的汉语特点

语音是语言的物质外壳，外国人学汉语学的是有声汉语，学汉语的目的是可以利用汉语这种语言形式进行交际。语音具有生理属性、物理属性和社会属性，在对外汉语交际中，生理属性和物理属性因人而异，对交际影响最大的是社会属性。"什么样的语音表示什么样的意义，不是由个人决定的，而是由使用该语言的社会全体成员约定俗成的。"语音形式和意义之间的关系"只要得到社会的公认就可以了"，而如若有人"擅自改动词语的语音形式……那么别人就听不懂他的话"。

当然在外国人学汉语、用汉语的过程中不存在"擅自改动"问题，但是由于受母语的影响，他们会对汉语有一些曲解，往往在学习汉语时，从自己的母语语音中找出与汉语语音相同或相似的音来代替汉语语音，从而形成中介语语音。有时也会出现既非汉语、也非母语的现象发生。例如，有的留学生在刚开始学汉语时，把"老师"念成"老西"，是因为他们发舌尖后音"zh/ch/sh"有一定的困难，而舌面音较好发音，于是就把"sh"发成他们认为较好发的相似音"x"。另外，声母中的送气与不送气，对韩国和日本的留学生来说也是一个难点，他们发"k/t/p"往往会受到不送气音的干扰。由于言语交际主体来自不同的国家，语音特点各异，所以要总结出其特点，既要有针对性，也要有普遍性。根据对31名水平不等的留学生的调查显示，较高水平的留学生通过习得已经基本克服了这种情况，例如，12个汉语水平6级或6级以上的学生中舌尖后音的发音已经基本克服，接近或达到普通话标准；另外17名3级或3级以上的学生有30%左右在舌尖后音的发音方面都存在或多或少的困难；2名零起点的学生觉得舌尖后音的发音非常困难，有时用舌尖前音或者舌面音来代替。在学习韵母时，韩国留学生受母语影响，只有前鼻韵母，所以发后鼻韵母时需要反复操练、反复习得才可以掌握。

在汉语中，除了声母、韵母以外，声调也是非常重要的，相同的字声调不同，意义也有所不同。如若声调不准，就有可能产生交际方面的障碍，使交际行为难以继续。日本留学生声调升降不明显，韩国留学生上声发音有一定的困难，往往把上声发成接近阳平的调子。而对留学生来说，上声是普遍难以掌握的，因为它是曲调且变调较多，在实际语流中往往是半上声。除了声调，语调也是一个问题。在语流中，语调要服从于作为超音质音位的声调，改变了声调的调型，就会引起语义的变化，而语调所起的作用是表达语气和感情，故而语调要服从于声调。如若声调受母语影响，而又学得不巩固的话，在语流中往往会使声调服从语调。例如，读疑问句"你去哪儿？"时，"去"是去声，但由于受疑问句语调上升的影响，"去"往往会读成接近阳平的调子。

2. 从词汇方面看言语交际行为的汉语特点

词汇有相对稳定的静态和运用中的动态。汉语词汇的相对稳定的静态特点主要是：构词语素以单音节语素为基本形式；语素构词以五种语法结构为基本形式——并列、偏正、动宾、动补、主谓；常用词的音节数以单音节和双音节为基本形式等。静态的特点掌握起来相对容易，但是动态的运用则是多姿多彩、千变万化，特别是语言词汇承载了民族的文化信息，并且随着社会的发展，产生了很多的新词新语，所以掌握和运用都有一定的难度。我们这里从词汇空缺互补和语义的不同两个方面分析对外汉语交际中汉语词汇与某些语言的不同，从而感受在词汇方面汉语表现出来的特点。

（1）词汇空缺互补。

词汇空缺是指在汉语中存在的表达方式在别种语言中以另外的表达方式出现的词语，有时和汉语中的表达方式大相径庭。例如，汉语中用"动如脱兔"来形容一个人的敏捷，而英美人却认为兔子是胆小的象征，"timid as a rabbit"（胆小如兔），在汉语中则用"胆小如鼠"来形容。再如，形容一个人着急的时候，汉语中经常说"像热锅上的蚂蚁"，英美文化中则常用"像热砖上的猫"来表达。由于所处生活环境的不同，对于客观事物的想象也不同，这也在比喻中有所表现。汉语中用"一条绳子上的两只蚂蚱"，英语中用"in the same boat"（在同一条船上）表示处境相同或面临同样的危险。又例如，熟悉事物并深得窍门时，汉语用"了如指掌"，而英语中却用"know the ropes"（熟悉绳子）。这是由于中国是以陆地为主的国家，中华民族自古以农业为主，人们的生产及经济活动主要是依附在土地上，因而反映在语言上自然以陆地上的人和事物做比喻的多；而英国是岛国，渔业和海运业在他们的经济中占很大的比重，所以在语言上他们联想的多是与海有关的事物。

（2）语义的不同。

词义联想和文化意象的差异导致语义不同。词义的联想和文化意象差异实际上属于"文化信息"差异（cultural information gap）。具体反映在词汇的比喻与联想意义（reflective meaning）和社会文化意义（social meaning）的不对应上。比喻善于表达情感，可使语言形象生动，其心理基础是对世间万物某些共同特点的联想，但由于各民族的自然环境、社会文化背景和风俗习惯不同，比喻和联想也各不相同。在这类词语中，尤以表达动物的词、颜色词和数字词最有代表性。

中国的汉民族自古就把"龙""凤""麒麟"等想象中的神物比作吉祥的象征。封建时代的皇帝常把自己比作"龙",所以皇帝穿的衣服叫作"龙袍";而把皇后比作"凤",所以皇后头上戴的叫作"凤冠";中华民族也叫作"龙的传人"或"龙的子孙";民间结婚时多用"龙凤呈祥""麒麟送子"等图画或词语来贺喜。中国民间常把喜鹊当作喜庆之鸟,把乌鸦当作不祥之物,明白了这些就知道"喜鹊报喜""夜猫子进宅,无事不来"和"天下乌鸦一般黑"等谚语的内涵了。

语言里有许许多多表示颜色的词语,但不同民族、不同文化、不同社会集团或社会阶层对各种颜色符号有着不同的感知,从而使颜色的联想意义更为丰富多彩。在《圣经》中,黑暗象征邪恶与妖魔,光明则是上帝、基督、真理和美德的象征。西方文化里的白色常代表"好的"和"正面的"意义,而黑色则代表"坏的"和"反面的"意义。芭蕾舞剧《天鹅湖》中的黑天鹅代表邪恶、欺诈和仇恨;白天鹅代表纯洁、善良和爱情。这一点与中国人由白色所引起的联想意义相近,汉语用"清白无辜"表示无罪,"洁白无瑕"表示纯洁等。白色的鸽子常被世人誉为和平的象征,西方新娘的白色礼服则代表吉祥与大喜,"one of the white days of sb's life"是指"某人生活中的吉日之一"。在西方,黑色是庄严集会中衣着的颜色,同时也是丧事的标志。在英美国家,人们参加葬礼时一般穿黑色礼服,表示庄重和对死者的哀悼。英语的"black market"(黑市)、"black-hearted"(黑心)、"blacklist"(黑名单)、"Black Hand"(黑手党)等词语都表明"black"(黑)与坏的、邪恶的特征相联系。中国是个崇黄尚红、轻黑忌白的国家。

中国人以红色为贵,源于古代的日神崇拜。太阳从东方升起,它那火红的颜色和炎热的高温颇给古人以神秘莫测的感觉,由此,古人产生了对红色的崇尚。达官贵人的住宅是"朱门",他们穿的衣服是"朱衣",显贵们坐的车子也称"朱轩"。红色象征着喜庆、成功、忠诚、温暖和兴旺等。戏曲中用红色脸谱象征忠义、耿直的品性。传统婚礼上的红喜字、红蜡烛、红盖头、新娘的大红袄,不但给婚礼带来喜庆的气氛,更让人联想到婚后的日子会越过越红火。

黄色在光谱上位于绿色和橙色之间。中国人以黄色为尊,源于古代对地神的崇拜。《说文解字》云:"黄,地之色也。"土地是万物生长的必需条件。五行观念产生后,土居中央,黄色成为中央之色,其神为黄帝,而黄帝又是传说中的华夏祖先。这种文化观念非常适合封建统治者的需要,黄色因而被历代帝王所推崇和垄断,被称为"帝王颜色"。赵匡胤陈桥兵变,黄袍加身就意味着做了皇帝；而农民起义要夺取政权，必须打起杏黄旗号召群众或头裹黄巾组织队伍。明清的故宫、太庙及其他皇家建筑，则一律取黄色屋顶。在西方，黄色未曾享受过在中国的礼遇。"yellow journalism"是指以低级趣味的文字或耸人听闻的报道吸引读者的黄色办报作风，它源于1895年《纽约世界报》（*New York World*）以黄色印刷的连环漫画《黄孩儿》（*Yellow Kid*）。

绿色位于光谱的中间，是平衡色，表示和睦、友善、和平、希望。绿色的草木总是生机与自然界的和谐，"Greenpeace"是保护动植的"绿色和平组织"，"greenbelt"为绿化地带。从绿色可以联想到生命力。绿通常给人的感觉是恬静清丽的，并且象征着青春韶光，因而中国古代作品里常用"绿"字来描写年轻貌美的女子，常以"绿窗"代闺阁。杜牧的《阿房宫赋》里的"明星荧荧，开妆镜也；绿云扰扰，梳晓鬟也"的"绿云"，指的就是女子黑润而稠密的头发。

蓝色是大海和晴朗天空的颜色，能使人感到舒服，起镇静作用。蓝色还是灵感之色。旧时儒生所穿的服装为"蓝衫"，后亦用来称秀才穿的袍。正是颜色词这些丰富的所指意义造成了特定的联想气氛，才使其能指意义有了补充与延伸的价值，使符号和对象之间经过约定俗成而建立的联系有了相对的稳定性。

让我们再看看数字词。英语国家的人们往往认为单数吉利，例如，在表示更深程度时，常在整百整千的偶数后再加上"一"：one hundred and one thanks（十分感谢、千恩万谢），have one thousand one things to do（日理万机）等。基督教文化的三位一体（the trinity）确定了"三"的神秘文化内涵，人们习惯于把事物存在的量或其发展过程一分为三，以图吉利。然而"十三"却被视为凶数，人们对其避之唯恐不及，楼房的第13层，常用"12A"代替，飞机、火车、剧院等没有第13排，每月的第13日都不宜进行庆典等喜庆活动。

相反，中国传统文化则认为双数是吉利的数字。人们喜欢双数的耦合意义，追求"好事成双"，渴望"双喜临门"，形容处世有方是"四平八稳"，形容交通便利为"四通八达"，百事顺心为"六六大顺"，美不可言为"十全十美"。

词汇的语义和文化内涵的不等值主要表现在概念意义（conceptual meaning）、内涵意义（connotative meaning）和搭配意义（collocative meaning）上。概念意义是一个词的基本意义，它是抽象的，与客观事物不发生直接的联系。概念意义是交际的核心因素，不正确理解词的概念意义，就会引起交际冲突。例如：汉语中"爱人"一词是指自己的配偶（丈夫或妻子），而英语中"lover"一词则指情人（情夫或情妇）。汉语中的"叔叔"，是指父亲的弟弟或比父亲年轻的长辈，而英语中"uncle"一词的意义范围要大得多，它既可以指父亲的兄、弟，也可以指母亲的兄、弟。类似的称谓用词还有很多，像"grandfather, grandmother, father-in-law, cousin"等。内涵意义是超出概念意义以外的意义，往往与客观事物的本性和特点有联系。例如，"idealism"在英语中有两个意义，一是作为哲学术语，意思是"唯心主义"，不包含任何褒贬之意；而汉语中的"唯心主义"则具有贬义。另一个意义是"理想主义"，可表示肯定或否定，或兼而有之；而汉语中的"理想主义"往往含有脱离实际的意思，含有贬义。搭配意义主要是指词与词之间的横向组合关系，搭配往往也是约定俗成的，不能将母语的搭配规律套用到英语学习中去。例如，英语中的"black coffee"在汉语中则是"浓咖啡"，汉语中的"浓茶"在英语中则是"strong tea"。

对外汉语中的言语交际行为使用的词汇是汉语，而且是在现代社会中使用的汉语，我们应该十分重视汉语的社会性变化。由于社会生活的不断丰富、人类认识的不断加深，与之适应的语言内部出现了内部相应或相关的要素的不断组配，以适应表达和交际的需要，它外化为词汇，表现为词汇系统内部的不断膨胀和扩大。拿词缀来说，现代汉语中词缀较之以前有所变化，除了以前和现在经常使用的基础词缀以外，目前也出现了新的词缀，如：迷（球迷、影迷、歌迷）、热（出国热、中国热、汉语热）、霸（歌霸）等。并且随着经济的发展，新词、新语也不断出现，例如，"博客"，即英语中的"blog"。

3. 从语法及认知方面看言语交际行为的汉语特点

（1）词法和句法。

汉语词汇的特点是语素构词灵活、可解性大，也就是说在词汇中，汉语对应于其他语言的词汇并不是一对一的关系，而是一种发散性的对应关系，一个词语可能对应多个他种外语词语，多个词语可能对应同一个他种外语词语，所以汉语具有发散性的特点。汉语的"弄"字，可以代替多个动词使用，例如，"你给我弄点饭去"和"你给我弄点钱去"在不同的语境中表示的动词是不同的意思。在翻译成他种外语词语时便可以对应多个动词。

对外汉语教学是对外汉语交际的一种，在对外汉语教学中，应适当地了解并熟知一些汉语语法和语义方面的特点，这样才能寓繁于简，通过浅显易懂的例子让留学生轻松容易地掌握汉语，并且能正确地运用。

我们知道，汉语缺乏词类标志和词形变化，但是有一些标志性的词语可以用来表示状态和变化，例如，"着、了、过"。动词后加上"着、了、过"

可以表示正在进行、已经完成和过去完成状态。另外，句子中如果有"曾经""已经……了"，也可表示过去完成状态。

　　虚词也是表达语义的主要手段之一，例如，"老师和朋友""老师的朋友"，不仅语法关系不同，语法意义也有区别。此外如"的、地、得"的用法也是外国人学习汉语时较头疼的问题。这时就需要用浅显的例子来说明："的"+名词/名词或代词+"的"，即"的"一般用在名词前，名词或代词后；"地"+动词，即"地"一般用在动词前；动词+"得"，即"得"一般用在动词后。这样再加上易懂的例子，在对外汉语教学中留学生就容易理解和接受了。

　　除了虚词以外，汉语中的语气也可表示不同的意思和不同的感情。汉语中的谦辞、委婉词、敬辞很多，表达礼貌、尊敬等意思的词语的构成没有特别的规定，而在句子中，有时可以用委婉的语气来表示尊敬和礼貌的意思。例如，表示想请对方吃饭时可以说："我想请你吃饭，可以吗？"或者"我想请你吃饭，你有空吗？"等一些表示委婉语气的词语都可以表示尊敬或者礼貌的意思，也就是说在汉语中有时词语会和语气相结合来表示礼貌或尊敬，表达了希望和对方成为朋友并且想友好相处下去的愿望。但是在韩语中，表示尊敬和礼貌的敬辞很多，往往是通过词语就可以直接表达尊敬之意。

　　汉语句子的基本结构是"主谓宾"，这和韩语的"主宾谓"有所不同。在汉语中，词序的变化也会影响语义的改变，例如，"我爱他"和"他爱我"，仅主语和宾语位置改变了一下，语义就有所不同。

　　量词是很多留学生头疼的一个问题，但我们认为，在不影响对语义理解的情况下，可以持宽容的态度去对待留学生出现的量词错误，例如碰到诸如"一个猫"之类的问题时，可以明白对方所说的意思，不影响交际的继续进行，当然表示明白以后要做纠正。所以我们认为，在不影响交际正常进行的情况下，可以适当地允许对方犯一些违反语法的"小错误"。

　　（2）言语交际行为的汉语认知。

　　陆俭明的《英汉回答是非问句的认知差异》认为，汉语和英语对否定是非问句的回答所存在明显的对立是由于二者认知上有差异所造成的。说汉语的答话人首先对问话人所自认为的主观想法表示肯定或否定的意见，接着答话人才说明客观事实是怎么样的或将是怎么样的；而说英语的答话人直接对客观事实是怎么样的或将是怎么样的表示肯定或否定的意见，而根本不关心问话人所自认为的主观想法是怎么样的。这种认知解释虽然比较朴素，但对学习者来说浅显易懂、好学好用。

　　还是以"了"为例，刘勋宁的《现代汉语句尾"了"的语法意义及其解说》认为，汉语句尾"了"其实是过去时的标志。只是汉语句子的认知角度和构造形式与印欧语不同。汉语的"了"也是以发话时间为参照的——只是汉语采取了个偷懒的办法：默认（缺省）的时候，以发话时为参照，有时间标记的时候，以指明的时间为参照。"了"字句的使用必须有一个背景，这就是原来知道一个情况，而现在有一个与之不同的新情况。这种"变化"的理解，就来自这种前后不同状态的对比。这样，各种不同的句尾"了"就可以通过认知和语用的阐释获得统一的解释。

汉语用词组句，偏重心理、略于形式。由于偏重心理，强调人治，所以汉语的表意功能灵活多样。而语法要服从表意的需要，只要有利于表意，可以违反语法。故在对外汉语交际中，可以有违反语法的行为发生，只要能顺利地进行交际，不影响表达效果的实现就可以。

4. 非语言行为在对外汉语交际中的辅助作用

非语言行为包括身体动作、手势和表情等辅助语言进行交际的行为。当语言和非语言行为表达的内容相同时，会加大语言表达的信息量。在对外汉语交际中，夸奖别人时辅以赞许的表情，并伴以微笑，会使学生更加自信；和别人说话时，用眼睛专注地看着对方而不是环顾左右，会让别人觉得你在认真地听他讲话。当语言和非语言行为表达的内容不同时，则会减缓对交际的副作用，如批评别人时，伴随和蔼可亲的微笑，比暴风骤雨似的大怒更能起到说教的作用，在一定程度上还可以帮助排解误会、联络感情，成为促进交际的辅助手段。

当然，即使是非言语行为也会带有民族文化的特点，表扬别人的时候跷起大拇指，这个动作是国际性的，表示夸奖的意思。留学生有时往往会按照自己所理解的本国文化的模式去观察和理解周围的人，特别是在留学生学习汉语的初级阶段，适当地使用一些非语言行为可以帮助传情达意，使交际主体更容易理解所要表达的意思，如若用于教学则可以扩大师生交流的范围，活跃课堂气氛，调动学生学习的积极性。

（三）语境的汉民族特点

不只是词语，有时句子的意义都取决于它周围的环境，如果不考虑周围的环境，那么这个词或者句子的意义就无法确定了。汉语词有很多是多义词，在词典中是抽象的和概括的，只有把它放在具体的语境中，它才有具体意义。例如，"够"字在"我够了，太多了，不要了"和"这种话我已经听够了，不要再说了"两句中的意思和感情色彩完全不同。在第一句中，"够"是"需要满足了"的意思，语义较平和；而在第二句中，"够"则有"腻烦"的意思，语义有贬斥的意味。再如这个简单的句子"走吧"说话人可能在很伤心的情况下，也可能在很高兴的情况下说的这句话，这就要根据上下文的意思来定。

语言是人类社会的重要交际工具。而人们的交际活动总是在特定的社会、文化环境中进行的，人们的交际内容或所传递的信息，也只有凭借这些特定的语言环境，才能确定所指、排除歧义、理解双关、补充省略意义和体味语境意义，说话才能得体。语言的交际功能，也只有在特定的语境中才能实现。

在人生观上，它表现在注重家国一致的价值原则，把修身与齐家、治国、平天下联系在一起，对个人的价值则不够重视，表现在语言上，则是语言社会性的反映；注重"知行合一"的实践道德观，这种"知行合一"的思想在中国传统哲学中，伦理道德占据极其重要的地位。儒家的"仁""义"理论表现在语言上则是礼貌原则、得体原则的实施与应用；在审美观念上，追求"情境合一"或"情境交融"。老子认为"道法自然"，孟子强调在自然的基础上"以形写神"，庄子又说"养神在于存形，形全方能神全"，刘勰的《文心雕龙》则把"神与物游"作为最重要的原则，这种观念表现在语言上则是语言和语境的和谐统一。

1. 影响言语交际的汉语语境因素

（1）心理和文化。

从外国人对汉语的认知看，不像本族人对汉语已有一大堆意义在头脑中。本族人学语法，最重要的是一些一般的规则，因规则而衍生出规范化的语句，全部过程是现成的意义代码按规则而生成一连串语句的过程，语法则是学说话时自然习得的。外国人则不一样，从母语转入一无所知或知之甚少的非母语时，虽不能说先学意义系统，后学表达规则系统，至少是边学意义系统边学规则系统，两者并重。全部过程是习得意义、习得规则，是意义新知按一定的规则形式不断习得语句、段落以至篇章。如只重语法形式而无意义习得，对头脑中已充满意义的中国人来说无甚妨碍，对头脑中全无汉语词义的外国人来说则无大用处。所以讲语法应意义先行，讲语法离不开意义举例。与其语法纯形式化而游离于意义之外，不如先申意义，后申形式，或将形式本身融于意义之中，使形式对象和决定形式对象的意义首先结合起来，使留学生处处感受到汉语的意义与形式规则的一致，增加学习的兴趣。对第二汉语学习者来说，学习活动是自由的活动，也就是说必须针对学生母语或媒介语的情况，结合汉语所独具的特点，从学习对象和学习行为的必然性中获得自由。

"一见钟情""情人眼里出西施"这两个熟语，如果不了解汉民族的文化心理，单纯从形式上理解，就很难正确把握两个词语的含义和用法。因为这里除了字面意义之外，还隐含着一个民族的褒贬态度。相比较而言，汉民族多对"一见钟情"持较贬的态度，因为它着眼于形式，由眼及情；而对"情人眼里出西施"则持较褒的态度，因为它着眼于内里，由情及眼。这和西方是不一样的，西方人往往相信第一次的经验，特别是在求偶的问题上，他们认为第一眼的感情是纯真的，是不掺杂任何别的因素的，是真正的爱情。而汉民族往往把爱情与责任联系在一起，这不仅是一种思维方式的差异，而是道德观、审美观和价值观的差异所致。

（2）交际对象。

交际对象不同，使用的语言便会有所不同。怎样说话才算得体，这是一个比较重要的问题。要根据交谈的对象和情境来选择恰当的表达方式。对长辈、领导要用庄重一些的词语来表达对他们的尊重，对同学或朋友等平辈的人用常用的口语则会显得亲切、自然。在对外汉语交际活动中，交际双方感兴趣的不是语言本身，而是怎样通过语言这种工具传递信息，所以为了使交际顺利进行而不会产生不必要的误会和反感，就必须注意交际对象。因为有时尽管你说的意思很明白，但如果不考虑听话的对象，同一句话可能会产生不同甚至相反的效果。例如，敬语的使用，如若晚辈对长辈，下级对上级说，则表示尊敬、有礼貌；反之，长辈对晚辈说尊敬的话，那就表示有问题或对你有意见了。

2. 适用于汉语语境中的原则

（1）礼貌原则。

在对待人与人和人与物的关系上，突出的是人与人之间的关系。这也就决定了在人际交往中人与人之间的沟通的重要性，而沟通中的礼貌是一个很重要的问题，是必不可少的。

故此，人们常借助"求同存异"的原则，来理解、包容外来文化。具体地说，要想成功地完成以汉语为媒介的交际活动，外国人就要充分尊重汉语的语用原则和民族文化习俗。关于跨文化交际中的礼貌原则，前人做出了大量研究。美国语言哲学家格赖斯（Grice）1967年提出了"合作原则"，他把说话者和听话者在会话中共同遵守的原则概括为量的准则、质的准则、关系准则和方式准则。20世纪80年代，英国语言学家利奇（Leech）在格赖斯"合作原则"的基础上，从修辞学、语体学的角度出发，提出了著名的"礼貌原则"，其中包括得体准则、慷慨准则、赞誉准则、谦虚准则、一致准则和同情准则，其核心内容为：尽量使自己吃亏，而使别人获利，以取得对方的好感，从而使交际顺利进行，并使自己从中获得更大的利益。"礼貌原则"和"合作原则"相辅相成地运用于人们的日常交际中，对语言的使用有很广泛的描述力，是人们在会话中尽力遵守和维持的策略。礼貌既是一种普遍现象，为各社会群体所共有，又是一种个性化的交际原则，受制于不同语言群体的不同文化背景。因此，"礼貌原则"在跨文化交际中具有灵活性和多样性。在跨文化交际中，如果说话者与听话者的文化价值观有很大差异，甚至彼此完全不能接受，礼貌的话语可能伤害对方，从而导致交际失败。因此，在成功的跨文化交际中，双文化比双语言更加重要，因为，词只有在它们使用的文化中才有意义。

此外，西方人所持有的是独立的自我观，这种自我观具有相对独立和固定的内核，因此，西方人在交际中注重个人隐私和独立，总是从个体主义立场出发，强调个人的面子。而中国人所持有的是依附性的自我观，这种自我观没有相对稳定的内核，他人和自我的关系相对不是那么清晰、分明，自我的内核依照自我和他人的关系而定，只有当自我被放在适当的社会关系中才会有意义，才会变得完整，因此，汉文化人非常重视个体与团体的关系，注重集体荣誉感；在交际中，他们往往从集体主义文化观出发，强调群体的面子。中国文化自我观的另一个特点是以家族血缘为尺度，在交际中遵守近亲准则。例如，中国人在交际时喜欢问人私事，或毫无保留地披露自己的私事，因为按中国的礼貌传统，了解私事是交际一方为了缩短和对方的横向距离而做出的一种势态，表示把对方定位在一个离交际主体相对较近的位置。当然，随着社会的不断发展和西方文化的不断渗入和影响，中国人也越来越重视个体和个人的面子，互相尊重更是渐渐成为人和人之间交往的一个重要基础和前提。

（2）谦虚原则。

中西方两种文化有着不同的礼貌评判标准和实现方略。汉文化重视谦逊准则，而西方文化则突出得体准则。谦逊准则要求人们尽量减少对自己的表扬，尽量贬低自己。西方文化则认为欣然接受对方的赞扬可以避免损害对方的面子，因而是礼貌的。因此，西方人对恭维往往表现出高兴与感谢，采取一种迎合而非否定的方式，以免显露出与恭维者不一致，令人难堪。中国人则大都习惯否认，提倡"谦虚"和"卑己尊人"，但这种做法却会给西方人带来面子威胁。汉文化中的"礼貌"植根于儒家"礼"的传统，强调"贬己尊人"和"中庸"，提倡谦虚和实事求是的态度。不同的文化心理和礼貌方式影响到英汉两种语言的跨文化交际。如果把一些汉文化认为极礼貌、极客气的词语带入英语会话，例如，"请光临寒舍"等，只能使以英语为母语的受话人感到莫名其妙。这样做虽然遵守了谦逊准则，但却会影响交际的顺利进行。

3. 汉语语境中的交际对策

(1) 言语得体。

钱冠连在《汉语文化语用学》中这样定义道:"在适当的时间、适当的空间(场合)、对适当的人说了适当的话,这便是言语得体。"对什么人,也就是说看什么样的对象说什么样的话。俗语说,隔行如隔山。说话不看对象,也像隔座山一样,不仅说了等于白说,可能还会起到相反的效果,严重影响交际的顺利进行。看对象是看对方也就是交际主体的知识水平、文化程度、个性爱好等情况。充分了解对象的情况,不仅可以言语得体,还有助于交际的顺利进行。不然,对长辈采用教训或训斥的口气,在专家学者面前班门弄斧,与文化知识少的人大谈文学著作等,都不会达到自己想得到的效果。同一个话题,对不同的对象说,用语的方式、态度等也应有所不同。与同学谈《西游记》和与孩子谈《西游记》的故事,后者用语就要浅显通俗得多。另外,和朋友或与自己亲近的人说话就随便些,有时不用顾及话语是否礼貌,这时可适当地违反礼貌原则;与陌生人或不同角色、地位的人交谈时则要注意很多。在对外汉语交际中,对外国留学生也要注意最好不要探问别人的私事,因为他们认为这是个人隐私。此外,还应或多或少得明白一些留学生所在国家的文化和风俗习惯,这样不仅有助于和他们的交流,甚至会起到调动他们的好奇心和积极性的作用,这时再进行交际或教学便容易接受一些。

(2) 角色转换。

对外汉语交际也是一种交际,所以在对外汉语交际中,也要进行角色的转换,可能是学生和教师,可能是同学之间,也可能是朋友之间的关系。不论是言语的交流或者是非言语的交流,在很大程度上都是角色和社会关系的协同过程。社会中的每一个人都存在于同他人的关系之中,不管你是学生还是老师,是同学还是朋友,都必须按照社会对角色所期望的那样去做,去与人交往,并且要在不同场合、不同时间,根据不同的社会关系和不同的谈话内容而去遵守不同的规则。如果和这些规则相违背,则会导致交际困难或者交际失败,更甚者会受到冷落、疏远或排斥。

在对外汉语交际中,不同的文化对交际的影响非常明显,被认为是恰当的、合情合理的行为的标准因文化的不同而有所区别。社会角色是社会活动的必要的社会形式和个人行为方式,它必然带有社会评价的痕迹,即社会的认可和赞同或不认可、不赞同。被某一文化所认可、所赞同的角色和行为,在他文化中可能是不被认可和赞同的,甚至是水火不相容的。贾玉新在他的《跨文化交际学》中根据西方学者的观点提出,"角色关系因文化而异这一现象至少表现在三个方面，即正式和非正式程度、个人化程度和允许偏离理想角色行为的程度"。

角色关系在正式和非正式方面的差异在日常交往中经常造成误解，从而产生心理距离影响交际的顺利进行。例如，西方人认为以同一种态度、平等地对待任何人是对人坦诚、尊重和友好的表现，但汉文化中则可能因地位、权势不同而要求使用谦让和谦卑的礼貌原则。

一般来说，不同社会中的人们在角色关系中都会带有很强的个人化表现。在汉文化环境中，人们习惯于"把个人和社会环境因素当作一个整体，对自己和别人总是会做出整体评估。有的人不论与谁交往，总习惯把自己和对方当作有理智、有感情的完整的人，其次才从对方的角色考虑"。这种人在贾玉新的《跨文化交际学》中被称为处于"强交际环境"中的人；西方人则"往往把对方和其所处的环境分开，把个人的角色行为和其所具有的感情分开对待，他们习惯以自己或有关人的社会角色以及社会对其的期望为依据而很少考虑情感因素，因此他们对客观事物或人的行为态度倾向于非个人化或个人化程度较低"，这在贾玉新的《跨文化交际学》中被称为处于"弱交际环境"中的人。处于"弱交际环境"中的人在汉文化环境中会表现得过度追求效率，显得冷漠；在汉文化环境中比较受欢迎的是处于"强交际环境"中的人。了解了这一汉文化特有的角色特点，对顺利而有效地进行交际有很大的帮助。

在一定条件下，可以允许角色适当地偏离理想的角色行为，这是因为文化不同，对理想角色行为的认可也是不同的。但是在汉文化环境中，角色行为偏离的程度很小，并且很容易被当作"越轨的行为"而加以谴责，所以，一定要先弄明白交际主体双方哪些行为是符合社会规范的，哪些行为容易被认为是"越轨"，只有尽可能整体而全面地了解交际主体双方的文化内涵，才能有助于对外汉语交际的顺利进行。

（3）了解并掌握符合汉文化的语言表现。

①招呼语。与人见面时，出于礼貌，总要招呼对方，寒暄几句，这是汉语中存在的习惯性礼俗用语。它们是人们见面时最简单的交流，一声招呼、一个微笑，就能最便捷地体现人际关系。所以，招呼是交际的起始阶段，招呼语也就成为人们生活中最常用的交际口语，并能够维系正常的人际交往，使人际交往可以继续下去。

对别人的简单称呼。中国人见面时往往会称呼一下对方即表示打招呼，而称呼的形式则包括以下三种：

其一，直呼其名。人们见面时用姓名称呼对方，包括称姓名，或直接称名，也包括各种昵称、爱称、尊称、戏称等，或在姓或名的前后加上某些词缀，例如，老王、赵老、小芳、蕾蕾等。

其二，姓＋身份。常见的有称职务、称职业和称职称三种，例如，李经理、赵局长、刘医生、马老师、郑教授等。

其三，以亲属称呼招呼别人。在中国人的心目中，家庭有着重要的地位，亲属称呼被视为亲切或亲热的一种表现。如果知道对方的姓，往往带姓相称，例如，孙叔叔、王阿姨等，可以表现出称呼者的恭敬或亲热，使被称呼者感受到礼貌和尊重。

对别人的关心和问候。例如，"干吗去？""到哪儿去？""吃饭了吗？"等，这一类的招呼语并非真正意义上的问题，回答可以是"吃过了"或你要去的地方、要做的事，也可以很含糊地说"有事""出去""吃了"等，但大多数中国人都会如实回答，而较少敷衍，特别是对亲朋好友，人们常喜欢说实话，这在中国文化中是一种比较随和、友好的问候方式。还有如，"最近还好吧？""家里一切都好吧？""冷不冷，穿这么少？""最近忙什么呢""这阵子忙什么呢？"等，问得越具体越能表现出对对方的关心。但这种问候并不是什么时候对什么人都可以用的，在正式场合用就不合适，而且一般只用于朋友、熟人。如果对方是欧美留学生，那么则应该考虑一下他们的文化习俗，尽量不要使用这些表示关心的问候语，否则有打听别人隐私的嫌疑。

简单用语。如用"你（您）好""早上好"来打招呼。一般在某些较正式的场合和长辈、上级或关系较为疏远的人打招呼时使用，简单明了。

临时招呼。即看见对方刚干完什么，或还在干什么，或将要干什么，就以什么为话题，多用于熟人之间。例如，对方大汗淋漓地从球场回来，就问"打球去了？"看见对方拿着书在走就说"去上课？"另外还有以赞扬别人为开场白的方式进行打招呼，例如，"今天真漂亮，这件衣服哪儿买的？""今天来得真早，昨天休息得很好？"等，但是这种亲切、随意的招呼语也只限于熟人和朋友之间，重要的不是它们的语义内容，而是它们所表达的某种情感以及它们所具有的交际功能。

非语言方式。中国人除了用语言打招呼外，也有用非言语打招呼的，主要有微笑、点头和招手等身势语。

当然，招呼语的运用会因年龄、生活经历和生活环境的不同，表现出一定的差异来。年龄大的人，经历的事比较多，受传统观念影响较深，在礼节方面更为注意，见面打招呼时会比较客套。年轻人见面，经常只有一句"最近还好吧？"或微笑一下、点一下头，就算打过招呼了。不同的场合，打招呼的用语也不一样。隆重的场合和非正式的场合有明显的区别。工作场合和家庭场合也大相径庭。

招呼语的运用是和民族文化心理有很大关系的。每个民族都有自己独特的文化模式，语言是文化的载体，它的运用方式集中体现了本民族的文化特征。中国的传统文化形成了以家庭、家族为中心的宗法制度和行为观念，并将这种伦理推广到整个社会，讲究人与人之间的相互关心，开诚布公，认为"事无不可与人言"，甚至"知无不言，言无不尽"。强调人的社会性，是中国传统文化积淀的表现。所以学习汉语，也要了解招呼语中的文化内涵，热情、得体地使用招呼语，使人与人之间的感情得到充分的交流，从而起到良好的交际效果，并增进交际各方的感情。

②称谓语。称谓是交际主体在语言交往中处理主体间关系、进行人际定位的一种语言活动。称谓语是称呼者对被称呼者的身份、地位、角色和相互亲疏关系的认定，起着保持和加强各种人际关系的作用。人类的文化习俗与个人文化心理支配着每一称谓语的使用，称谓语与文化密切相关。在各民族语言习俗中，不同民族有着属于本民族风格特点和语言习惯的称呼习俗。由于政治、文化、历史背景不同，各民族语言中的称谓系统有着很大的差异，表现出各自不同的文化内涵。

所谓称谓语，就是"人们用来表示彼此间的各种社会关系以及所扮演的社会角色等所使用的名称"。汉语亲属称谓系统具有高度的描述性、复杂性和明晰性，基本上对于每一类不同的亲属不论关系亲疏、辈分大小、年龄长幼都赋予不同的称谓，可谓详尽和丰富。称谓语是人际关系的一种标志，可以说，它本身就是一种文化现象。汉民族的文化源远流长，称谓语因此而呈现出一种纷繁复杂的形式，表现了汉民族传统文化即宗法制度、伦理道德观念和礼仪观念等对语言的制约。

③告别语。告别行为是交际场合中的客体向主体告退辞行的一种言语行为。塞尔（Searle）把言外行为分成五大类：阐述类、指令类、承诺类、表述类、宣告类。告别语的言外之意是表达说话人告别时的某种心理状态，故告别属于表述类行为。告别语既可以是短语"先走了、待会儿见、再见"等，也可以是分句或句子"有点小事儿，不能奉陪了"。

其一，阐述理由型。说话人阐明告别的理由，解析其必要性与合理性等，以得到对方的许可或赞同，缓和气氛。这种告别方式适用于有求于人或打搅别人之后，既维护了他人的自尊，也表明了自己的心迹。例如，"我还有点事，先走了。""对不起，打扰您了，我该告辞了。""对不起，给您添麻烦了。"除了缓和气氛以外，还有客气和礼貌的意思。

其二，反复叮嘱型。一般用在说话人和别人商定好什么事情以后，临告别时反复叮嘱别人不要忘记，例如，"说定了，我走了，明天见。""好了，下周见吧,拜拜。"这种告别语一般用在较熟悉的具有平等关系地位的人之间。如果说话人的地位较高,则吩咐对方做某事,对方难以拒绝,使用场合也较为正式,例如,(经理吩咐员工)"你明天务必要把计划书交给我,就这样吧,回去吧。"这种含有命令的语气,属于表述类和指令类的综合运用。

其三,承诺允诺型。一般用在下级对上级、晚辈对长辈说话时,例如,(儿子对母亲)"你就放心吧,我很快就可以到家啦,我走了,妈。""局长,我一定会抓紧时间去办理的,我马上去办,您放心。"

其四,祝愿祝福型。这种告别语一般用在送行时。朋友或亲人即将远行,临别时经常说"祝你一路平安""一帆风顺""多保重""常联系"等,以表达对对方的美好祝福和期冀再见面的愿望。另外,作为客人,饭后跟主人告别时一般还会加上一句诸如"多谢""麻烦你了""打搅了""让您破费了"等话语。作为主人,送客人出门时还要加上一句"请慢走""有空再来"等,客人则一般会说"请留步""别送了"等,这些一般用在较正式的场合,表示感谢和礼貌。

告别语作为会话常规用语是礼貌词汇的一部分。交际是双向过程,结束谈话也要经过交谈双方的协调和同意才能顺利结束。突然结束谈话,是一种不礼貌的行为。因此为了使告别得以实现,就必须使用各种语言策略来维护对方的消极面子(指不希望别人强加于自己,自己的行为不受别人干涉、阻碍)或增强他们的积极面子以使以后的交际更加顺利。这次的结束语影响到下次的开始,交际的成功与否,在于双方有无再聚的欲望,告别语的使用表现了交际双方有巩固离别期间的关系的心理,为下一次交际和以后交际的和谐进行打下了良好的基础。

④礼貌语。我们所述的三种形式的语言中都有礼貌的成分存在。礼貌是一种各文化群体共有的社会现象,但不同的文化群体具有各自的礼貌原则,且受各自文化心理的制约和影响。利奇的"礼貌原则"和顾曰国的与汉语言文化有关的"礼貌原则"揭示了中西方礼貌现象的共性与差异。利奇以西方人的视角提出了六项礼貌准则,顾曰国在指出汉语言文化四大礼貌特征的同时,效仿利奇总结了五条礼貌原则。中西方两种礼貌准则的文化内涵有很大差异。文化心理的差异决定了人在礼貌语及礼貌行为的选择上存在着差异,因而存在着具有不同文化内涵的礼貌原则。交际者在具体的语境中对礼貌语的选择是一种个人的心理活动,而这种个人的心理活动是受交际者的文化心理驱使和制约的。

下面通过具体的礼貌原则和礼貌语言来说明符合汉文化心理的语言表现。

顾曰国在利奇的礼貌原则基础上提出了汉语文化中的四个礼貌特征：尊重、谦逊、态度热情和文雅。之后，他又提出了五条具有中国特色的礼貌准则，即贬己尊人准则、称呼准则、文雅准则、求同准则和德、言、行准则。

根据顾曰国的说法，"贬己尊人准则"是中国式礼貌的最大特点。无论古今，这一准则在人们的言语交际中反映甚多。例如，称呼和对方相联系的事物时用"贵校、贵府、大作、高见"等，称呼和自己相联系的人或事物时用"愚兄、愚弟、敝校、寒舍、拙文、拙见"等，以此来表示尊重对方、抬高对方、贬低自己、以示谦虚。汉文化中贬己尊人的礼貌准则，即使是现代也经常使用。中国人一般在朋友之间很少说"谢谢"，因为他们相信，作为亲密朋友对方应知道自己的感谢之情，否则就是见外了，或太不给对方面子，只有在比较重要的事情上，才会说"谢"字。另外，在中国传统文化里，受到表扬或恭维时一般不说"谢谢"，以免给人不谦虚的感觉；在受到赞美时，往往用"哪里、哪里、过奖了"等答语否定对方的赞美，继而自贬一番，以示谦虚。明明工作出色，可是遇到别人夸奖时，几乎每个中国人都会说："还差得远呢。"在取得成绩时，也一般会说："这些都离不开领导的关怀和同事的关心……"之类的话，以表示自己的谦虚；在享受自以为理所当然的服务时，一般也不予致谢。此外，汉语中还有许多表示自谦和客气的礼貌套语，例如，"聊表心意""不成敬意""本人才疏学浅""有不当之处请多指教""给您添麻烦了""不敢当"和"过奖了"等，都是过度自贬的语言。

虽然汉文化和欧美文化中都有谦虚准则，但在汉文化中过度自贬是文化心理所致。这是因为中国传统伦理思想的主流是儒家学说，儒家提倡重人伦轻自然、重群体轻个体等，认为自我不仅以个体的方式存在，而且总是群体中的一员。当然，这并不是说，在中国不重个体，只是在群体和个体的取向上略偏于群体取向，这种群体认同的文化价值观使中国人在人际关系取向上具有他人取向的特点，而自主权益相对削弱。同时，"谦和好礼"历来是中国人立身处世的重要美德，"礼"是中国文化的突出精神，是中华民族的美德之一。"礼"根源于人的恭敬之心和辞让之心，是对长辈的恭敬以及对同辈兄弟朋友的辞让。在这样的文化环境中，中国人的传统文化心理具有以血缘纽带为基础、以伦理和谐为道德目的的特征。所以，中国人对礼貌语及礼貌行为的选择主要建立在"人情"的基础之上。

除此之外，文雅原则中委婉语的使用也是礼貌原则的一种体现。它是人们说话时用来代替刺激性词语的语言，是人们经常使用的一种语言表达方式，所以在对外汉语交际中，首先要讲明委婉语所表示的实际意义，然后再进一步恰当地使用委婉语，以使交际在更加友好、和善的气氛中进行下去。

在了解中国文化内涵的基础上，还应适当地了解他文化中的礼貌用语，避免在对外汉语交际中一味地使用汉语礼貌原则，而忽略了别国文化因素，产生不必要的文化冲突。例如，听到赞美时过度"自贬"，宴请中劝食，强迫对方接受礼品等。由于各个国家的人对礼貌语及礼貌行为的选择是建立在各自的文化心理基础上的，这就必然存在差异性，因此双方在跨文化交往中，在各自所选择的礼貌语或礼貌行为发生碰撞时，应努力提高跨文化意识，充分认清文化心理差异对礼貌语及礼貌行为选择的影响，充分考虑对方的文化价值观念。

所以，在对外汉语交际中如果忽视了语境这一重要因素，即使熟练掌握了汉语的一些基础知识和常用词语，仍然不能在特定的语境中比较恰当、适宜、灵活地使用汉语，当然也就达不到预期的交际效果和目的了。当然，要想达到在语境中适当地使用汉语，就要了解并掌握汉民族这一特殊的不同于母语环境的思维方式、民族心理和文化心理，只有深刻融入这一大环境中，汉语才能迅速进步和提高，才能更好地和这一环境中的人们进行交际和沟通，从而实现自己的交际目的，达到预期的交际效果。

综上所述，对外汉语交际是跨文化交际，所以在对外汉语交际中首先要考虑的是文化因素。因为文化因素的存在，所以有时会出现文化依附矛盾。语言是文化的载体，是思维的工具。在对外汉语交际中，作为言语主体的中国人和以汉语为目的语的外国人要使用统一的汉语进行交流，就不可避免地会出现文化和思维观念的交流和碰撞。作为言语主体之一的中国人在传授中国知识和文化的同时，也应该尊重以汉语为目的语的外国人的文化思维观念，这样才能有效而顺利地进行交际。

对外汉语交际使用统一的汉语进行交际，还要明白作为交际语言的汉语在语音、词汇、语法等方面的特点，并且和文化结合起来，了解汉文化的相关知识；此外，还可辅助以一定的非语言交际行为，在用语言进行交流的同时达到文化的交流和融合。

既然是汉语交际，就不可避免地会受到汉文化这一大的交际语境的影响。影响汉语语境的因素除了心理和文化以外，交际对象也是很重要的一个方面。适用于汉语语境中的运用原则除了国际上通用的礼貌准则外，还有汉文化中特有的谦虚准则。只有了解并掌握了符合汉文化的语言表现后，才能使言语得体，使言语交际在友好的氛围中顺利地进行。

三、从历史角度解释跨文化的问题交际

通过前面对中国礼貌的讨论得知，儒家思想对中国人行为准则有着重要

的影响。在《儒家思想对东亚人际关系和交际模式的影响》一文中，鑫（Yum）对儒家哲学中主要思想追根溯源，并探究这些思想怎样决定东亚交流模式。她说："儒家思想是人的本性的哲学，将妥当的人际关系视为社会的基础。"孔子列出妥当行为的四大原则：仁（人道主义）、义（忠诚）、礼（礼仪）、智（智慧或人文教育）。鑫指出在东亚的哲学和文化历史中，儒家思想作为最根本的社会价值和政治价值系统持续了1000多年。她认为，儒家思想在东亚造成如此深远影响的原因是通过考试体系的正规课程以及政府官员选拔程序，儒家思想已经制度化，得到广泛传播。鑫进一步认识到儒家思想比其他宗教（如佛教和道教）对东亚哲学体系有更大影响的另一原因是：儒家思想是实用主义和指向现在的哲学。

鑫认为儒家思想四大原则中的至少三个与社会关系有直接的联系。在这样大的影响之下，东亚国家形成了与北美个人主义模式有巨大差异的人际关系模式。鑫进一步详细说明了这些差别并指出东亚人在处理人际关系时有如下的共同点：①根据亲密程度的不同，将关系分级并进行调整；②彼此的感激之情不由自主产生，人们不计较给予还是获取；③处于人际关系网中的人们有归属感，并认同与自己长期相处的关系密切的相对较小的圈子里的人；④双方共知的调解人（试图寻找双方的"共同点"）用来建立新关系；⑤东亚人相信只要个人发展了良好的人际关系，公共关系也会和谐，因为公共关系是建立在信任和互惠基础之上的。

鑫总结道，与东亚人相反，北美人在人际关系指向的如下方面表现明显：①人际关系不是特定主义。北美人把每个人视为不可或缺的个人，应用普遍和客观的规律来对待；②每人都是平等的、独立的，责任和义务通常被理解为威胁个人自主和行为自由的因素；③效忠某个团体或在团体间流动纯属自愿，成员在团体中的效忠时间及效忠程度都是有限的；④调解人是客观的第三者，除非与争端有直接关联，否则对双方的情况一无所知。并且，调解人一视同仁，将双方视为不同的、独立的个人；⑤个人生活和公共生活有严格的界限，因为个人的首要任务是完成高度的自治和自立。

鑫将儒家思想的影响与东亚交际模式结合起来，与北美的交际模式形成对比。鑫说交际被理解为无限会意的过程，意思就是"交际不能被分割为发送者、信息、渠道和接受者。这假定了每个参与交际的人都处于一个正在进行的过程中，关系错综复杂"。相反，在北美，"交际具有短期间断的特点，被理解为在进行一段时间后就终止并被新的交际所取代的一种行为"。不同的语码，鑫指的是东亚语言根据社会地位、亲密程度、年龄、性别和正式程度等进行错综复杂的使用。她进一步注明这些不同不仅存在于指称词汇中，在动词、介词和名词中也有所体现。英语语言也根据说话者和听话者亲密程度和地位的不同而采用不同的语码。但整体说来，英语没有东亚语言这么灵活，尤其是涉及称呼形式时。为解释第三种不同，鑫适时做了如下评论："孔子留下的为他人着想和对恰当的人际关系的关切的遗产成就为他人保留面子的交际模式。间接交际帮助防止遭他人拒绝或他人异议而引起的尴尬，可保障关系和每人的面子完好无损。"此外，鑫强调在东亚交际的间接模式是无处不在的，经常是故意使用的。在北美，尽管间接交际是经常广泛使用的，但直接交际是规范。鑫认为北美和东亚交际模式在间接层面上有着明显的不同。为证明这个说法，她给出下面这个例子，想让听话人去关门，北美人也许会间接地说"门开着呢"，但是在日本，听话人可能仅会听到"今天有些冷"。后者被视为更间接，因为"门"这个字连提都未提到。

关于第四点的接受人为中心与发送人为中心，鑫认为这个差异的产生是"由于在北美，给人选择的自由是重要的；而在东亚，实施预见交际和做出相应的调整是重要的"。

以上人际关系和交际的导向被认为是适用于所有东亚人的。接下来的问题自然是"为什么这些指向对于中国人来说是独特的？"，对这个问题笔者会在下面的部分予以解答。

汀-图梅（Ting-Toomey）提出在中国文化中，口头交流是传达关爱和加强关系的一种手段；中国人会极力避免各种争论和对抗性的交流。因此中国人交际是以传达关爱和加强关系为目的。

汀-图梅认为中国人有许多有关交谈的观念，在中国文化中，这些观念指导中国人的日常交流。其中一个很重要的方面便是说话与不好的结果之间有密切联系，像一些谚语所说，一言既出、驷马难追、祸从口出、言多必失。

中国人其他普遍的观念包括交谈有制约因素以及说出的话还有更深层的意义。像言不尽意；言外之意；只可意会，不可言传，这些谚语都强调言语在创建意义时的不足。于是，中国文化中很推崇总结并解读暗含意义的能力。这种观点与汀-图梅关于东亚人过程导向型（process-oriented）的交流方式的观点相吻合。

除了上述观念外，汀-图梅认为中国人的自我概念和人际关系的发展过程同样影响中国人如何进行日常交际，由此形成了一套中国文化独特的交流方式。这些都具体地指向中国人交流的四种主要特点：①寒暄即暗含交际；②听话即以听为主；③客气即礼貌；④自己人即以圈内人为中心。

寒暄指在中国文化中，交流具有内在的可协商性，并且，说者与听者的角色在交流对话的过程中具有同样的重要性。中国人模糊地表达一个想法、看法或意见，他们希望其交流对象能高度参与到对话中，希望他们能积极解读对方传达的消息并与对方共同建构交流意义。

这又与鑫提出的东亚人间接交流的模式相一致。汀-图梅对其做了补充，寒暄的价值同时也解释了非言语交际在中国文化中的重要性，它也影响着中国人表达愉快和愤怒的方式。他们通过观察发现中国人在听到一则好消息时，一般不会兴奋得手舞足蹈；在收到礼物时，中国人不会表现出极度的高兴和喜悦，他们通常不会当面拆礼物，而是在私下拆开。

听话即以听为主通常定义为正确定位自己的能力，即确定自己是处于高位，还是属于下级，还是与他人平级，这对于听者尤其重要。汀-图梅认为一个人在上下级结构中的地位通常决定了一个人说的多少，也决定了他的说话方式。人们只有在被别人认同的情况下才表达自己的观点。"认同度通常从一个人对某个对象的专业知识中推导出来。这种专业知识基于个人多年来的经验、教育或是权力地位。"这解释了为什么中国儿童和学生通常被教导要听话。这种长辈说话，晚辈听从的角色模式同样延伸到工作关系中。因此，听话成为交流的一个最主要的形式。在鑫的术语划分中，中国人的交流是以听者为中心的交流。

汀-图梅描述的另一个中国人交流的特点是客气，即讲礼貌。他认为客气是中国人在日常交谈中遵守的基本准则。"客气就是自我和他人的交流体现为细心思索、讲究方式、愉快并且文明。"这在主客关系中很好地展现出来：中国主人为了表示其客气，就会全力使客人"觉得像在自己家"；同时，客人也要表示客气而不会给主人添麻烦。

客气在对圈内人和圈外人是完全不一样的。比如，"夫妇间并不存在客气这一惯例；人们通常在面子上都接受圈内人表达的愿望。在圈内人中，很少有像'谢谢你''打扰'和'对不起'这样的礼貌表达，这种表达已经内化了。"

汀-图梅还进一步认为，客气同时体现了中国文化中庸和谦卑的价值观。他们发现中国人长大成人的过程中，要学会避免称赞自己的行为或在任何场合吹嘘自己……"在与其他同中国文化相反国家的人们交流时运用这种观念，通常会出现跨文化交流的误解。"这可以解释现有数据中的一些误解。

中国人交际中的另一个特点是汀-图梅提出的自己人即以圈内人为中心的观点。他认为中国人清楚地划分圈内人和圈外人。因此，"在与圈内人交流时，中国人要确保圈内团结与和谐；而在与圈外人交流时通常会强调圈内和圈外的区别。"

很多学者探讨过中国人交流的特点。如扬（Young）认为中国文化的传承者倾向于一直引用他人的观点和看法，而不愿提出自己的观点。他还指出中国说话者是作为一个引导人的角色参与对话，而不是使用各种技能提出建议来控制并唤起对话。同时，"它（中国人的雄辩）造就了沉默和微妙的理解，这与听者实现其真正意义的能力是相同的"。这又再次呼应鑫提出亚洲文化的交流以听者为中心的观点。

斯科隆（Scollon）从话语角度分析跨文化交流，提出话语结构的不同是造成中美交流出现误解的原因。初看，这种分析方法不是很容易理解，但是采用话语角度研究跨文化交流是有说服力的，就像有学者指出话语应被认为是语言文化关系的具体的表现，因为话语"创造、再创造、集中、修改并传递文化、语言以及他们之间的交流"。

以上观点代表了英语国家的学者对中国人交流的特点的研究，相关的研究也在德语国家进行过，如德国人怎样理解中国人的交流。以下部分就是这种研究的代表。

冈斯纳（Günthner）是讲德语国家中观察中国人交际特点的典型代表人物。她著作的第三章是"中国人人际交往实质的方方面面"，副标题是"中国人修辞的原则"。在这章中她陈述了以下的观点：

直到今天，中国人交际的特质、修辞的特点以及行为规范都深深地打上了孔夫子传统的烙印。直到19世纪，孔夫子的教条都被当时的人们视为真理，这些教条包括了从社会规范到人格教育的一切人的思想可以涉及的领域。它们对今天的中国、中国社会、中国人的思维方式和中国的文化的影响力是不可低估的。除了以上的观点外，冈斯纳还讨论了她认为其他的中国人交际的特点，如"面子问题"，集体主义以及高语境文化。其中她引用了霍夫斯泰德（Hofstede）的观点来解释中国人对集体主义的信念：集体主义并不意味着对个体福利或利益的否定；集体主义隐含了这样一个假设，那就是维持整个集体的福利是对个体利益最好的保障。在集体主义的中国，个体是毫无主见的，他们反被害怕丢面子而牢牢地控制住。

对于中国人交际的高语境特点，她引用霍尔（Hall）的观点作为佐证：在高语境体系成长的人比在低语境体系成长的人对他人的期待更高。当一个在高语境体系成长的人谈论他脑海里的想法时，他期望他的对话者能够知道他的想法，所以他不用把话说得非常的详细。故他说话总是转弯抹角，往往是除了要点其他的都说了，而要点留给他的对话者自己去揣摩。接下来，她讨论了中国人交际的其他方面，这跟汀-图梅的分类有些相似之处。她注意到和谐是中国人交际的目的；而转弯抹角是为了避免直接冲突而采取的一种策略；经常使用修辞则是一种暗示或者讽刺，对于这点她引用中国的一个表达"指鹿为马"来作为例证。"指鹿为马"的表面意思就是，指着一只鹿，但硬说它是马。

间接性，在中国人的讲话中无处不在。它甚至在英语翻译中也到处都是，这点让美国人感到非常迷惑。"可能"和"也许"是一种文化工具。"也许我会和你一起去"通常意味着"我会去的"；"对你来说，走的话可能太远了"就是说"我不会让你走的"。如果说某事不"方便"，最有可能的意思是"不可能"。但在这里并不是只是言语的间接性在起作用。没有声明某事绝对不可能往往暗示着可能还有讨论的空间；所以，在这种情况下，最后情况出现了大逆转并不代表有明显的让步。

按照冈斯纳的观点，中国人交际的最后两个特点是，转弯抹角和谦虚（这一点大致和汀－图梅的观点相似，所以不需详谈）。为了解释她所说的转弯抹角是什么意思，她举了她自己和一个中国学生的对话作为例子，这个中国学生想要请她帮个忙，但是在转弯抹角说了一大通不相干的话后才说出这个想法的。

但是，她也指出这些观点也有局限性。比如，如果在自己内部人的圈子里的对话，就和上面所说的特点大相径庭。

第二章 语用学与跨文化语用研究

第一节 语用学概述及其哲学渊源

一、语用学概述

（一）语用学简述

20世纪30年代莫里斯（Morris）提出"语用学"这一概念，经过40—60年代的形成阶段，到70年代语用学才真正确立起来，但80年代后语用学进入了迅猛发展的时期。进入20世纪七八十年代，语言学家开始针对语言运用方面的研究，语用学的飞速发展使人震惊，语用学进入成熟阶段。1977年《语用学杂志》在荷兰阿姆斯特丹正式出版；1983年由莱文森所编著的第一部语用学教科书《语用学》问世；1986年，国际语用学学会成立，并决定把《语用学杂志》和《语用学和其他学科》作为学会的学术刊物，从此，语用学作为语言学的一个相对独立的分支学科得到了国际学界的认可。此外，直到20世纪90年代，语用学研究仍在不断发展。1993年梅的《语用学概论》；1995年托马斯（Thomas）的《言语交际中的意义：语用学概论》和1996年余尔《语用学》等书都是对语用学研究的最新发展的导论性著作。

虽然至今对语用学的性质和地位尚未形成统一的认识，但是人们对这一学科最基本、最一般的理解是一致的：语用学是关于语言使用的研究。以这种基本的认识为前提，语用学研究形成了两种不同的观点：一种观点认为语用学如同音位学、句法学、语义学一样是语言学一个相对独立的研究领域，即"分相论"；另一种观点认为语用学是对语言和交际的认知、社会和文化方面的研究，它是对语言功能的一种综观，即"综观论"。与此相对应，在语用学的研究过程中形成了英美国家和欧洲大陆两大传统：前者倾向于微观语用研究，或称语言语用研究，其范围包括指示语、含意、前提、言语行为和会话这些语用论题，认知语用学也属于语言语用研究，后者则倾向于宏观语用研究，主要包括社会语用学、跨文化语用学、语际语用学、意识形态语用学。语用学虽然还很年轻，但由于它把语言、现实和人类自身联系起来，所以展示出强大的生命力。20世纪90年代的研究趋向表明，语用学与语法的关系、语用学与认知语言学的关系、语篇语用学、语际语用学、语用学与心理语言学、语用学与外语教学，将成为语用学研究的重要领域和课题。

（二）语用学的研究范畴

语用学的研究范畴可以分为指示词语、言语行为、会话含义理论、预设等内容。

（1）指示词语。指示词语，这一术语来源于希腊语，原意为"指点"或"标示"。指示词语的存在充分说明了语言和语境的密切关系。因此指示词语意义的确定依赖语境，如果离开语境，他们的意义就无法确定了。在英语中，这些词语包括：人称代词、指示代词、定冠词、时间副词、地点副词等。在交际过程中，如果脱离了语境，指示词语的意义得不到确定，那么句子也就没有传递正确的信息。

（2）言语行为。言语行为理论是由奥斯汀（Austin）开创，塞尔补正、完善，从行为角度阐释人类言语交际的一种重要理论。该理论认为有些句子没有真假可言，但却有意义。奥斯汀提出了言语的行为三分说的新言语行为理论，即言内行为、言外行为和言后行为。其中，言外行为是语用学关注的中心问题。因为它关联了说话人的意图，而意图更与话语意义直接相关。

（3）会话含义理论。在日常生活中，人们有时不能直截了当地说出自己想要说的话而常常含蓄地表达，使话中有话，话语中带有弦外之音，即话语的真正用意。格赖斯提出的会话含义理论研究的就是在特定语境下话语的实际意义。在理解过程中，需要进行一系列推理，基于谈话双方共有的背景知识。可见，会话含义理论是以合作为一条首要原则的。

（4）预设。预设起源于逻辑语义学，由德国哲学家、逻辑学家弗雷格首先提出。预设指在语句中预先设定的信息，与蕴含不同，是说话人在说话前做出的相关假设，而蕴含是根据句子内容进行的逻辑推理。例如，"丽丽吃了桌子上的苹果。"和"丽丽没有吃桌子上的苹果。"这两个命题有着相同的预设"桌子上有苹果"。把预设按照性质分类，可以分为语义预设和语用预设。语义预设被看作句子和命题之间的关系，而语用预设依赖语境，是说话人对言语语境的设想。

（三）语用学理论的修正补充

自20世纪80年代中期开始，不断有学者对国外语用学理论进行修正和补充。例如，钱冠连对格赖斯的合作原则所做的修正；顾曰国结合汉语对布朗和莱文森的"礼貌原则"和"面子"概念所做的修正，对言语行为理论所做的补充；徐盛桓对古典格赖斯主义和新格赖斯会话含意理论的语用推导机制的修正和补充，以及对新的会话含意理论框架的构建，等等。这些研究丰富和发展了语用学理论，为建立汉语语用学理论奠定了基础。

（四）语用学理论在汉语研究中的运用

（1）关于在言语行为方面的应用。由于在说话的过程中，说话人想表达的意思并不是单纯的字面含义或是静态的意义，而是要听话人通过一些心理推理，结合特点的语境进行考虑，从而发现所蕴含的真实意图。具体分析，言内行为代表这句话或是这个词汇所代表的字面意思，言外行为是说话人在特定的语言环境中想表达的真实想法，而言后行为则是因为说话所带来的结果或是事态的变化。比如有教师在上课时会说"有人在说话吗"意思是太吵闹了，不要说话，影响上课效率了，理解这句话意思的学生就会停止讲话，保持安静，因此也就影响了事情的发展变化方向，这就是言内行为、言外行为、言后行为的具体表现。

（2）关于在不同语境背景方面的应用。很多人都会有一个误区，认为处于同一时代的人们会有相同的想法以及采用相似的表达方式，其实是很不一样的，要根据实际交谈的情境来建立语境的特征，从而理解说话人的意思。例如在谈话中其中一个说"想要吃点蛋糕吗？"，另外一个人回答是"你有吗？有的话我就吃"。这个对话在不同的人看来就会有不同的理解，对于亚洲地区的人会认为这种回答没有问题，属于正常情况，但对于英美国家的人会认为"你有吗"就是多余的，因为问话的人已经将他有蛋糕这个语境勾勒出来了，不需要再询问，只需回答要还是不要就可以了，这就是语用学中背景语境不同所造成的差异性。除此之外，谈话身份等级的不同、年龄差异等都会造成不同的语境，和不同的谈话效果。比如作为学生，在和教师谈话时是一种场景，作为孩子，与父母谈话时又是一种场景，这些情境都是通过人们心理主观构建出来的，因此在不同的语境中所体现出来的意思也是不同的。

（3）关于在跨文化交际方面的应用。中国的思维方式和西方人的思维方式是不同的，加上国与国之间的文化差异性，在交流的过程中难免会发生误会，所以要采用不同的交际风格，适应对方文化习惯的表达方式。需要注意的是在汉语中音调的改变也就意味着可能蕴含了不同的意思，但是在英语中音调的改变导致意思改变的情况比较少。除此之外，在日常对话的结构上也存在一定的差异性，中国人喜欢谈正事之余还会聊聊家常，常用"以后再联系""再见"等作为结束语，而英语中的结束语则是就"这样吧""好的"

等来表示结束，这也是跨文化交际中的语用学。

（4）关于语用策略在日常交流或是正式场合交流方面的应用。语用策略是说话人选择哪种语言形式的基础，为了达到交流的效果，是采用直接、间接还是隐含的方式进行语言的表达就是语用策略，比如语用含糊不清策略、语用大胆策略等，在商业的谈判、职场交流等场合都经常使用，而且语言的表述不仅仅是要让听话者理解和明白，还需要有感染力和说服力，这也是需要采用语用策略，因此语用学中的语用策略在现代语言环境中使用还是很重要的。

语用学不仅仅研究的是汉字、词汇以及语言结构等静态的知识，而且还涉及社会环境、文化背景、心理活动以及人们的认知水平等方面，因此在现代语言环境中使用语用学有重要的意义。一是可以让人们更好地熟悉语言和语用学之间的关系、语言的本质以及语用学规则等，而且也对语音、语义等都有影响，从而加深对语用学的认识深度。二是语用学的使用，增加了理论知识在实践中的运用，从而进一步帮助人们更加有效、得体的使用语言，扩宽了语用学的研究体系。三是语用学涉及社会学、哲学、逻辑学等领域，其研究的成果也能促进其相关领域研究的发展，因此在现代语言环境中使用语用学不仅是帮助本领域的发展和提高沟通交流的效果，而且也能促进相关知识体系的建立。语用学的独到之处在于可以根据实际环境将我国的汉语言进行良好的应用，从而在一定程度上完成了对于汉语言的一种推广和深入应用。对于现代社会而言，由于网络的应用和计算机的不断推广，造成了我国的语言文学的一种衰落，从而在一定程度上造成了汉语言的一种丧失。因此，加强对于语用学的推广，能够在很大程度上实现对于我国汉语言的传承。

（五）语用学对语言学习的启示意义

语用学如何应用于语言学习？语用学有哪些内容在学语言时必须注意掌握？在语言学习中为什么要将语用学放在一个重要的位置上？在此就语用学对语言学习，特别是对外语学习的启示谈几点想法。

在学语言的过程中与语用学有关的有以下这些问题：

（1）如何完整地理解话语的意思？这里涉及语用语言学中讨论的如何在语境中解歧的问题。

（2）如何理解特定场合下的语句意义？学生们要在交际中理解语句意义，必先明白在特定场合下意义的转换过程以及对言语行为的辨认。

（3）如何说要说的话？学生要学会在交际中运用语用策略和遵守礼貌问题；如使用外语，则还要注意跨文化交际双方语用策略的差异。

前两个问题讲语言的理解，后一个问题讲语言的使用。语言的理解和使用都是学语言时必须注意的，语用学刚好在这两方面对我们学语言有启示作用，可见它在语言学习中的重要性。下面我们依次谈谈这几个问题。

1. 完整地理解话语的意思

（1）在语境中解歧。

离开语境的许多词语都会是有歧义（ambiguous）的。从听话人的角度看，有些词语即使在语境中也会产生歧义。歧义现象是语义学的研究对象，但解歧就要靠语用学的分析了。就以英语中的"bank"为例，它可以表示"银行"，也可以表示"堤岸"。当这个具有两个不同意义的词在同一语句中出现时，要正确加以理解，就需要有明确的语境了。例如：BBC电台报道一个"飞车"（joy-rider）少年向记者讲述他偷车被警察追捕，酿成车毁人伤严重后果的情况：

At the end of the road was a bank...a steep mud bank.

听少年说前半句话时，由于"the road"的引导，听话人肯定会认为他说的"a bank"是指银行，但是随着情节的展开，当听到后半句关于"steep mud"的描述，听话人就会明确这里讲的不是银行，而是一道堤岸了。

在外语学习中，在分析课文情节时，学生就应学会通过连贯语篇提供的语境来解歧，从而确定词语在篇章中的准确意义。

（2）理解的困惑与倾向。

第一，在跨文化交际中，有一些词语的歧义本来不是歧义，但因受不同的思维方式、不同的文化差异或不同的地域等因素影响而形成了歧义。结果，人们对词语可能做出别解，甚至产生误解，引起交际上的困惑或不快。例如，报章上说的"充电"，常常有人们再学习、充实自己的知识的意思。如报章报道：

广州拨款720万建立转岗培训体系，政府资助八千失业者充电。（《广州日报》）

广州人国庆到图书馆"充电"。（《广州日报》）

但是，在香港的报章里（我们从网络版中看到），"充电"一词的用法却是这样的：

《洛神》快将拍竣，Ada话(说)已相约洪欣等一班好友到北京旅行充电(香港《星岛日报》)

现时正身在外地旅游充电的范太（指香港立法会主席），在外游前已积极拉票，亲自致电议员问好……（香港《苹果日报》）

这两个例子里的"充电"显然是指"旅游、娱乐，消除疲劳"了。要是不知道两地用词差异,"充电"会因地区差异而造成歧义,在语用中极可能招致误解。

下面这两个笑话的幽默之处正是解歧出现困惑所导致的:

The professor rapped on his desk and shouted: "Gentlemen, order!"

The entire class yelled: "Beer!"

学生课堂不守规矩,教授生气,大声喊"order",要大家守秩序;但学生听到"order",脑袋里想到的却是订购饮料,于是齐声喊出要喝啤酒。

Prof.: You missed my class yesterday, didn't you?

Stud.: Not in the least, sir, not in the least!

学生旷课,老师质问学生是否没来上课(miss one's class);顽皮的学生故意将"miss"理解为"想念",解歧出现困惑,让人忍俊不禁。

第二,心理语言学告诉我们,解歧往往会带倾向性(bias),即听话人听到存在歧义的话语时,一开始只倾向于某一种理解,只是后来取得更多的依据或得到说话人的修正,即听话人从语境中找到了更多的关联才使原先的理解倾向纠正过来。如下面的两个相声片段:

甲:老金同志,你什么时候出来的?

乙:从哪儿出来啊?

甲:出来重新参加工作呀。

乙:吓我一跳!七七年。

又如:

乙:那你们站长呢?

甲:别提了,逼得没办法上调了。

乙:哎呀,就这样上吊,死得可太冤了!

甲:什么呀,上边来个人把他调走了。

乙:啊,调工作了!

例子中"出来"一词有歧义,甲说的"出来"显然不同于乙理解的"出来",可能乙在"文革"期间受过迫害,故倾向于理解为甲问他什么时候从监狱或劳改营里"出来",其实甲并无此意,幽默也因此而生。到了下一话轮,甲的解释对话语做出修正之后,乙的理解倾向才得以纠正过来。而另一个例子中的"上调"和"上吊"是语音层次的歧义。这一对同音异义词让乙听到时故意理解为"上吊",这个倾向性的理解表明乙的误解,从而出现相声的幽默,最后同样是经过了甲对话语做出修正之后,乙的误解才得以消除。

在跨文化交际中,话语解歧的倾向性还会出现在因语言技巧拙劣而形成的"假歧义"场合。多年前,在一个涉外社交场合,笔者听到一位初级口译人员对其中一句话"（出席宴会者）衣着随便"不假思索地当场译为"No dress"，引起外国朋友一片哗然。很明显，这个"No dress"成了"假歧义"：一方面它被口译人员错误地作为"衣着随便"的等同语，另一方面又被听话人朝"不许穿衣"这个倾向去理解。当时的一位主译及时发觉该口译人员的错误，马上插话，将这个"衣着随便"改译为"Dress informal"，代口译员解了围，从而避免尴尬的局面继续出现。

（3）同音异义与一词多义现象。

他们的"小变"已经使那个地方跟过去不一样了，可以想象他们的"大变"会使那里变成什么样子。

——我刚"答辩"完了，你要到什么时候才"答辩"呢？

——唉，别提了，还等着呢，真急死了！

第一，上面例子中出现的同音歧义就是同音异义现象。语言在语音层次上导致歧义是十分普遍的。同一种语言中有语音完全相同的异义现象，但也有因地区差异（如受方言影响等）而形成的假同音异义（其实是异音异义）。前者如表示抽调到上级单位工作的"上调"，或表示环境面貌变化的"大变"，它们都可能被分别误解为同音异义的"上吊"和"大便"；至于后者所说的假同音异义，如分不出"答辩"与"大便"的音异，则令人捧腹。"答"和"大"在标准汉语中的声调并不相同，意义自然也不一样。

这些例子可能是故意设计，诱导听话人产生某些联想，或误导其歧解倾向。类似的情况在日常交际中也许会偶尔出现，但更多则见于相声或幽默文体的作品中。

第二，一种语言里因一词多义而导致的歧义现象比较普遍。英语的"arm"是胳膊，指人的上肢，但它也可以指机器的曲柄、起重机的吊臂等。不管一个词如何多义，它们都与这个词的根义（core/root meaning）有关。在不同的语言中，根义相同的词语会有不同的习惯说法和搭配，以英语的"wing"和汉语的"翼"为例，它们的根义相同，但它们在各自的语言里，既有表达雷同的地方，也有说法各异的搭配。

a. 表达雷同：

机翼　wings of an airplane

（作战部队）左/右翼　left / right wing of an army

（大厦）新翼　new wing of a building

b. 说法各异：

left / right wing of a political party　（政党的）左/右派（人士）

left / right wing in football or hockey　（足球或曲棍球门游戏的）左/右

边锋

wings of a stage （观众视线之外的）舞台两侧

学习语言一定要注意一词多义的现象。为此，首要的是明白词语的根义，再通过词义引申，学会在不同语境中掌握词语的搭配范围和用法特点。换句话说，就是要提高我们的语用认知能力。

2. 特定场合下的语句意义

同音异义或一词多义现象都要求学生提高语用认知能力，学会在语境中解歧；同样，为完整地理解话语的意思，也要求同样的认知过程。在很多情况下，词语意义都不可能十分肯定，如"there, then, this, that"等指示词语所指的意义只有在语境中才能得以最终确定。为了对话语的意思有一个完整的理解，我们要进行语用推理，这时不但要注意话语中的指示词语，而且要注意那些只具语法意义的词语（如"and, for"等）。例如：

a. The naughty boy were punished for playing truant.（=because they...）

b. I gave her a cake for her lunch.（=to eat for lunch...）

c. I gave him 2 *yuan* for bus fares.（=so that he could...）

d. She was given three years for burglary.（=as a punishment for...）

e. That remote control is for the video, not the TV.（=belongs to...）

f. She was awarded the first prize for her services to education.（=in recognition of...）

指示词语和具有语法作用的词语大多是一些连词和介词。不过，一般的词语也有类似的情形。以"大学"一词为例：

a. 大学有一个肉菜市场，但供应的品种不多。（指地点）

b. 大学与邻村的关系还不错。（指人群）

c. 大学曾因学生的意外事故打过官司。（作为法人单位）

d. 大学近年扩招，在校各类学生共一万多人。（指大学）

e. 大学关心在岗老教授的健康，组织他们参加健康营的活动。（指大学行政部门）

f. 我在大学时参加过多项文体活动，算是这方面的活跃分子呢。（指人生生活阶段）

上述话语如用英语说出来，"university"完全可以取代"大学"而不必刻意表达括号内表示的确切意思。可见汉英两种语言在具体的语境中其意义是一致的。当然，如果 f 句用英语说成"When I was at university..."时，汉语除了直译为"我在大学时……"，也可以改说成"我当学生时……"。

（1）意义转换过程。

这里需要注意的是语言使用过程中出现的"换喻"（metonymy）现象。语用推理是要听话人在理解话语的过程中按语境的要求补足词语未有明说的意义，并推断出词语意义的转换过程。下面是换喻的几个典型例子：

（机场快餐店服务员向领班报告有顾客"跑单"）：The hamburger just left without paying.

（护士向查病房的值班医生报告）：五号床今早血压为150／90，心律58次／分，大便正常……

例子中的"hamburger"换喻吃汉堡包的顾客；而"五号床"说的是"住五号床的病人"。换喻在报章中更是俯拾皆是。例如，《广州日报》连续报道广东东莞的发展，其中有如下的大标题：

一小时跑遍东莞——东莞斥资40多亿完善交通，高速路辅以城市干道，营造"1小时生活圈"（《广州日报》）

在这个例子中，没有说"人"还是"汽车"跑遍东莞，凭常识可以想象，是汽车只费一小时就可以跑遍东莞，汽车是人驾驶的这一点也是读报人在理解过程中自行补足的意义。这个例子还有一个十分常见的换喻，那就是以地点取代当地行政当局，具体是以东莞取代了"东莞市人民政府的城建规划局"。

从换喻的喻体看，它可以以全体代换局部或以局部代换全体。例子副题中的"东莞"正是以整个城市代换该市的行政当局，而该市行政当局又需具体理解为其下属的某部门，该部门可能更具体地理解为其下属的某些执行机构和人员。其他例子如：

I bought a LaserJet from Tianhe.

Tianhe（天河）是广州市的一个城区，那里是电脑产品的集散地，它的喻体是某个具体的电脑配件经销商；而LaserJet则换喻美国著名的惠普（Hewlett-Packard）公司生产的激光打印机系列产品之一。

至于以局部代换全体，即以某一具体事物取代整体事物。如：

（学生们坐在一起开会，但班长还没有来，另一位班干说）

咱们等一下，头儿有点事还没来。

例子中的"头儿"代表人，指主持会议的班长。这是以身体的部分喻作身体的全部。

话语歧义、词语意义的扩展、换喻等现象是语义问题，而解歧、词语意义的扩展和引申以及语句换喻过程的分析等则是语用问题。语义学告诉我们词语本身（可能）是什么意思，而语用学则告诉我们词语在具体语境中到底是什么意思。

（2）言语行为——以言行事。

说出来的词语本身所表明的事件是所谓的以言指事（locution），而说话人通过说出某些词语而意图表明的事件则称作以言行事（illocution）。

塞尔将以言行事行为称作言语行为（speech acts）。不同的词语和不同的表达方式可以表达相同的言语行为。例如请求把门关上这个言语行为就可以根据不同的场合使用不同的词语和不同的表达方式：

Shut the door!

Could you shut the door?

Did you forget the door?

Put the wood in the hole!

Were you born in a barn?

What do big boys do when they come into a room, Johnny?

上述话语都可以表达"请求"听话人把门关上这个言语行为，但是那并不是说它们可以随便互换。使用哪种方式来表达言语行为是语用策略，它取决于说话人在语用语言学和社交语用学方面的考虑。

（3）句子意义和说话人意义。

利奇早就提出这个问题并且做了清楚的阐述。意义有两方面：语义的和语用的。语义意义（semantic meaning）就是这里说的句子意义（sentence meaning），指词语本身的意义，表示一种二元关系：X means Y。

例如：

A: You are a fool!

B: What does a "fool" mean?

语用意义（pragmatic meaning）表示的是一种三元关系：S means Y by X。它关心的不是词语本身的意义，而是说话人用这些词语表达一些什么样的意义，因此它也称为说话人意义（speaker meaning）。例子中的B也可以这样质问：What do you mean by a "fool"？这里是质问对方这样说是什么意思。再如：

A: It was good of you to come.

B: What do you mean (by this)?

这里B想知道A的意图：他是（因B来出席会议）表示感谢呢，还是（对B前来作讲演）表示欢迎，还是（因B来晚了）而反言相讥或提出批评？

3. 说要说的话

（1）语用策略分析：语用的商讨性和细致性。

第一，言语交际过程是语言选择的过程，而语用的商讨正是语言选择的过程中常见的现象。例如：

A：你买了超星读书卡了吗？

B：嗯。

A：一个卡号可以在 20 台电脑里注册，是吗？

B：嗯。

A：你没有在 20 台电脑里都注了册吧？

B：没有。我的卡总共才在我的两台电脑里注了册。

A：那太好了！告诉我卡号行吗？我想用你的卡号在我的电脑里借书看。

这段对话展示了 B 想省点钱，说服 A 借给他读书卡，好让他在自己的电脑上注册以便阅读数字图书。因他不知道 A 是否愿意借卡给他，于是用商讨的办法步步追问，直到 A 再没有什么理由或借口可以拒绝的情况下最终借给他读书卡。

又如：

Student A：Dr. Galloway？

Dr. Galloway：Steven.

Student A：Steven.

在西方，称呼上级、长辈可以用他们的名字，而不用尊称对方姓氏和头衔，这在汉语文化中是难以接受的。示例表明，学生 A 很有礼貌地称呼自己的老师为盖洛威（Galloway）博士，但对方却主动提出让学生 A 称呼他的名字。只有在这个时候学生 A 才顺从地以对方名字来称呼。用名字称呼对方的习惯，英、美都有所不同，英国人以事件轻重、大小来决定是尊称对方姓氏，还是直呼其名；而美国人则侧重社会距离，他们并不看重权力关系和事态轻重，一心只想直接称呼对方的名字，从而拉近两人之间的距离，使相互间的关系显得平等、亲切和融洽。

第二，语用的细致性指语用的细微差异。以价值观念中的权力关系为例，就可以细分为以下各种不同的权威：

a. 奖赏权威：说话人有权给对方以奖励、表扬等。如教师对学生、上级肯定下级等。

b. 惩罚权威：说话人有权给对方以惩罚、警戒等。如长辈惩罚后辈、警察训诫犯人等。

c. 专家权威：说话人具备专业知识特长，足以满足听话人对专业意见的要求。

d. 法定权威：说话人有法定的权力（如年龄、地位、作用等方面）向对方提出某种要求。如某项工作的负责人、长官对士兵等。

e. 偶像权威：说话人是对方崇拜或仿效的对象。如说话人是受歌迷崇拜的歌星、体育明星或国家英雄、模范等。

上述这些细致的语用操作会因说话人的文化背景不同而各异。例如托马斯就说过英国文化使那里的人看重专家权威和偶像权威，而对法定权威却有所淡化；相反，东方文化却相当看重法定权威。

（2）语用策略分析：礼貌语言及其语用尺度。

关于语言礼貌问题的文献十分丰富，早期有拉考夫（Lakoff）提出的"给对方选择余地"的礼貌概念，接着有布朗（Brown）和莱文森（Levinson）的语用学与语言教学"面子论"，后来又有利奇仿照格赖斯的合作原则提出的"礼貌原则"，他的学生顾曰国又就汉语的文化特征总结了汉语的礼貌准则，此外，斯宾塞－奥梯（Spencer-Oatey）还提出衡量礼貌语言的语用尺度，认为语言的礼貌有一个带普遍性的语用尺度，他根据不同的文化在三方面来处理语言的礼貌问题。

第一，关照尺度：自主关照—强行关照。

西方文化强调自主，给对方较多选择余地才算是有礼貌；但中国文化表现为对对方给予强烈的关心，不惜将热情"强加"到对方身上，认为这才是礼貌。

第二，评价尺度：关心、满意—批评、讨厌。

表示出关心和满意时，语言可以直接、不拘礼数；当批评别人或讨厌对方时，语言反而要间接，表面上显得礼貌。

第三，认同尺度：包容—见外。

包容的语气直接，见外的语言间接、客气。

认同尺度还有：平等—上下级。

说话双方相互平等对待，语言较为直接、亲切；但上下级之间则因法定权威而要求使用礼貌语言。

（3）跨文化语用策略差异。

在相同的语境下，用不同的言语进行交际会因文化差异而导致语用策略的差异。例如，对于公共场合的禁烟告示，汉语倾向于使用较客气、较婉转的说法，如"请勿吸烟""吸烟请到吸烟区"等；但英语表达禁烟则倾向于开门见山，语气直接，用"No smoking"表达严格禁止，或用警告来劝止吸烟，如"Smoking is hazardous to your health!"至于吸烟区，英语国家只习惯标示该区范围，而无须请烟民到那里去吸烟。多年前，笔者曾见过汉语表达禁止在公共场所吸烟的更温和的策略："为了您和他人的健康，吸烟请到吸烟区"。严格说，这句带"劝止"功能的话，后半句要用否定才能表达清楚（如"为了……""请不要……")。但不管怎样,对汉语是本族语的人说来,他们当然意识到这句话指不准在该区范围内吸烟,要吸烟只能到该区以外的指定地点。可是,如果将这句话直译为英语,人们怎样也不会发现那是一个表示"禁止做某事"的言语行为,相反,人们会认为那是一种邀请。笔者当时见到这句话的英译:"For your and others' health, the passengers who smoke please go to the smoking area"。这里的语法有问题暂且不说,整个意思更像邀请,说要请大家到非吸烟区去吸烟,并可能暗示那里有有益于大家健康的高级香烟招待!

第一,语用语言方面的跨文化语用差异。

当非英语地区的本族人用英语表达语用用意时,他们的英语往往会出现语用语言方面的失误:用一些本族语才有的语句结构来说英语,而不是或根本不知如何表达地道的英语。有学者曾举例说明日本人在语用语言方面与操英语本族人的语用差异:

A:Would you like a piece of apple cake?

B:Have you got some?

这是两个日本秘书在办公室过道里的对话的英译。这段对话涉及预设(presupposition)和语用用意问题。B的问话在日本人看来很正常,然而有学者认为英美人或丹麦人却会认为B的问话是多余的。在他们看来,A的问话已经预设了"我有苹果馅饼"这个命题。可见,说话人的文化背景不同会出现语用差异,这在跨文化交际中要特别注意。人们总以为汉语的一些说法同英语完全等同,这当然是不对的。例如,汉语的疑问句常用肯定形式,而英语的疑问句则无论用肯定式还是用否定式都很常见:"Have / Haven't you got anything to eat?"但用肯定式较有礼貌。汉语的情况似乎不在乎礼貌,它的否定疑问句往往用来强调提问人对事件存疑,因而提出质问,或表明对事件的不同看法:"难道不(没有)……吗?"同样,汉语在问答里常用"当然"表示肯定,但英语的"of course"虽然也表示肯定,但欠礼貌,或显得过于自信,只在熟人、朋友间使用。下面几个例子在答话中都用了"of course",其实,如果分别改用"sure"或"great""yes, indeed""sure, no problem"可能更为得体:

A:Would you like something to drink?

B:Of course.

A:Is there a postal collection on Sunday?

B:Of course.

A:Can you finish your work in one hour?

B: Of course.

同一个言语行为可以用不同的话语来实施，但正如前面指出的那样，这些话语不是随便可以互换的，而且一种语言里常用的话语表达方式在另一种语言里可能并不适用。英语课堂上老师要让学生回答问题或复述课文时会用到一些礼貌的表达方式："Will you answer my question？""Would you like to tell us what the story is about？"但是，这丝毫没有影响到教师在课堂上的权威性，学生通常都会听从教师的指示。不过，在同样的场合下，用汉语就不会那么客气了。最多也只是在提出要求时多加一个"请"字："请回答我的问题""请讲一下课文的内容"，等等。如果用这样的汉语表达方式来说英语，那就会显得不够礼貌，不像课堂用语了。

人们对言语行为的理解，会因表达该行为的语言不同，其覆盖范围也不一定完全一样。例如"道歉"（apologize）这个言语行为，英语的"apologize"包括两个内容：

a. 说话人为某事表示遗憾（be sorry）和感到后悔（regret）；

b. 说话人要为某事承担责任（responsibility）。

可见，英语的"apologize""be sorry"和"regret"表达的道歉程度有明显的不同；汉语中只要有英语的"regret"甚至只有"be sorry"的意思，即表示遗憾或后悔就似乎可以算是道歉了，并没有把道歉按承担错误的程度再加以细分。

第二，社交语用方面的跨文化语用差异。

跨文化社交语用方面的失误主要表现在交际双方持不同的社会价值观念。不同的社会价值观念在语言表达的间接性中可以表现出来，而语言表达的间接性则往往在下面几方面看得最清楚：

a. 权力关系：说话对方的权力大小决定说话人语用的间接程度。对方权力地位高于自己，说话人的语言就越间接，相反就越直接（试比较对领导和对家里孩子说话时的不同口吻）。

b. 社会距离：这是指说话人对对方的了解程度。同越是不熟悉的人说话，语言就越间接。相反，同越是亲近的人说话，语言就越直率、随便。

c. 事态轻重：如果是请求，语言是否间接，要看请求事件的大小。如请求借阅一本书和请求借用对方的汽车，前者语气较直接，后者则要使用间接的表达方式。事态轻重不单纯指物品贵贱，还指因文化或价值观念差异而对事态做出的轻重衡量。如询问时间和打听对方工资这两件事，前者的语言简单、直接，后者的语言间接、委婉。

d. 权利和义务：说话双方的权利和义务指说话人提出的要求是他的权利，

例如向出租车司机提出到机场去，他就可以用直接的口吻来表示；但如果请求朋友开车送自己到机场，说话的语气就间接得多了。

4. 小结

上述涉及的是语用学的研究课题，它对我们的语言学习有一定的启示作用。学语言不仅要懂得正确发音、掌握词汇、熟悉句子结构，更重要的是对语用语言学和社交语用学中的一些重要课题给予注意，如：解歧及解歧倾向、同音异义现象、一词多义现象、完整理解话语用意、意义的转换过程、言语行为的选择、语言的间接性以及礼貌语言等。

学生单纯有语言方面的错误只说明他语言没有学好，但在语用语言方面，特别是社交语用方面出现错误，那就不仅是他的语言水平问题，而是被看作他的人品和行为的问题了。不过，我们不能像规定语法那样，先给语言使用者一些条条框框，规定在什么场合应该用什么语言；相反，我们主张放开我们容忍的尺度，允许更多的语言变体在语言接触中出现。

二、语用学的哲学渊源

西方哲学的中心课题发生了两次重要的转向，终于从本体论、认识论转到了近代的语言论。许多哲学家大谈语言，为世人瞩目，也引起世人困惑。其实他们大谈语言不是立异邀誉，而是为了大谈"存在"。这方面的代表人物是英美分析哲学家及欧陆哲学家，如海德格尔（Heidegger）等（他的著名命题是"语言是'存在'的家园"）。他们讨论的语言问题，推动了语言学特别是语用学的学科建设，为语言学（其中包括语用学）提供了理论营养，也直接为语用学提供了一些重要的、脍炙人口的分析单元。

（一）语言研究的哲学探源

在西方哲学发展过程中，如果说柏拉图和亚里士多德完成了将人类思考的重心从一个世界（神学）转移到人类自身生存的世界；如果说笛卡儿（Descartes）和康德（Kant）完成了将人类思考的重心从外部世界转移到人自身的意识世界的话，那么语言哲学则完成了将人类的思考重心转移到人类所使用的符号上。这就是20世纪的"语言学转向"（linguistic turn）。其代表人物是英美分析哲学家及欧陆哲学家，如海德格尔、罗素（Russell）、摩尔（Moore）、皮尔斯（Pierce）以及维特根斯坦（Wittgenstein）等。这些哲学家的语言研究是在哲学轨道上的语言研究，其含义可概括为三点：

（1）西方哲学研究两次转变方向：本体论（研究存在是什么，世界的本质是什么）转向认识论（研究思维与存在的关系，人的认识的来源、途径、能力、限制）；认识论又转向语言论（研究主体间的交流与传达）。

（2）通过研究语言来研究"存在"，研究思想与世界。人的思维是一种内在的交谈，哲学研究就是通过语词意义的分析将"内在交谈"外化出来；就是"把语言的理解当成解决基本哲学问题的必要准备"；也就是说，对词语意义的研究，是为了从词语的意义中反推出人的理解和哲思。

（3）西方哲学认为，研究语言可以澄清一些由于滥用语言而造成的哲学问题。一旦澄清了语言，哲学问题自然解决。在语言转向过程中，奥地利哲学家维特根斯坦是一个颇有代表性的人物。他在20年代主张哲学必须是语言的逻辑分析，倡导制定人造"理想"语言（其原型是数学逻辑语言）的方案；而在其晚期著作《哲学研究》中，他却提出语言不仅为描写世界的目的服务，而且为不同的人类交际目的服务，主张向自然语言靠拢，对日常语言的使用进行直接的观察，提出了"不是用脑子想，而是用眼睛看"的口号，因而被称为哲学中的"日常语言派"。不少哲学家和逻辑学家投入了这一行列，纷纷把自己的视点转向自然语言，致力于通过对言语结构和机制的分析深入探索思维和人类行为的本质。对于他们来说，语言分析已不仅是一种手段，而且成为研究目的的一部分。它强调从哲学的角度去探讨语言的一般性质和基本功能，研究语言的各种成分、结构、类型和意义，研究语言与存在、语言与意识、语言与真理的关系，研究语言的理解和解释，研究语言与人类社会生活的关系等。换句话说，语言哲学不仅包括对词语和语句（或话语）的分析，对意义理论、指称理论和真理理论的探讨，还包括对语言结构的分析，对言语行为理论的研究，对语言的使用和语境的研究，对语言与意向、信念等心理因素的研究等。从后面的叙述中可以看到，许多语用学问题的提出和对这些问题的解释，正是哲学家和逻辑学家所做的贡献。

例如：

——"我们这个时代最突出的一个特点是，许多哲学家把对语言的理解当成解决基本哲学问题的必要准备。"（利科）

这就是说，首先得对语言进行澄清，随后哲学问题也就明朗化了。从语言里看出存在。

——"只有对语言的说明才能获得对于思想的全面说明。"（达梅特）

语言是思想的公开化、直接化。语言表达式才具有公共性、客观性和直接性。

——"根本的'语言性转向'应该是'指号学—语用学的转向'。"（阿佩尔）

语用学是揭示符号与解释人的关系。怎样使用符号、解释符号，可以看出人的思想活动。哲学从这里切入。

如果我们同意阿佩尔所说的"根本的'语言性转向'应该是'指号学—语用学的转向'",如果我们仔细玩味语用学专著撰写人莱文森所说的那一段至关重要的话——"在寻找阐释乔姆斯基的理论的方法的时候,普通语义学家那时都被引向哲学思想的本体,这个本体向语言本质的理解显示了语言使用的重要性。时至今日,大多数语用学的重要概念直接取自语言哲学。这个美国语言学家主流的宽阔领域一旦建立起来,语用学很快就为自己注入了生命力,因为,这里提出的问题是有趣而堪称重要的。"——我们可以得出下面这个大甚无错的结论:语用学几乎可以当成哲学的一个分支。

(二)"语用学"这一术语的哲学渊源

"语用学"这一术语最早出现于语言哲学。它是由美国哲学家莫里斯于1938年参照"实用主义"(pragmatism 或 pragmaticism)创造出来的。莫里斯一生不遗余力地探索心智与行动的本质及其与符号和价值理论的密切联系,努力融合实用主义、经验主义与逻辑实用主义这三种哲学观,认为符号概念应该成为人文科学的基础。他在《逻辑实证主义、实用主义与科学经验主义》和《符号理论基础》这两本书中将符号学划分为三部分,即句法学、语义学和语用学。认为句法学就是研究符号的结构属性(即语词与语词之间的关系),语义学就是研究符号与符号指称对象的关系(即语词与世界之间的关系),而语用学研究说话人与听话人如何使用符号来完成交际行为(即语词与语词使用者之间的关系),"对语用学一个足够准确的概括就是:语用学研究符号起指代的过程的生命特征,即研究符号发挥功能的过程中所出现的心理现象、生理现象和社会现象"。在他看来,"从语用学的角度看,一个语言结构就是一个行为系统",语用学最确切的特征就是它处理符号指代过程的生理性。1946年,他又根据当时的行为主义符号理论,在《符号、语言和行为》一书中对语用学的定义进行整理和补充,指出"语用学是符号学的一部分,它研究符号的来源、用法及其在行为中出现时所产生的作用"。显然,莫里斯对语用学的认识受到了逻辑经验主义甚至是行为主义哲学的影响,而他的语用学观更像是"行为主义语用学"。

(三)语用学分析单元和课题的哲学色彩

语用学的许多重要分析单元都是哲学的直接产品。它们几乎占了语用学的半壁江山。下面以三个例子加以详细说明。

第一例:言语行为理论的哲学思路。

维特根斯坦在《哲学研究》中强调"一个词的意义就是它在语言中的使用"

这一观点促使奥斯汀、塞尔等人更进一步把语言当成行为方式，他们的观点被称为言语行为理论，这是一种从全新角度研究意义问题的方式。塞尔说："研究语词的意义在原则上和研究言语行为没有区别。确切地说，它们是同一种研究。因为每一个有意义的语句借助其意义可用来施行一种特定的言语行为（或一系列语言行为），而因为每一种可能的言语行为原则上可以在一个或若干个语句中得到表达（假如有合适的说话语境的话），因此，语句意义的研究和言语行为的研究不是两种不相关的研究，而是一种从不同角度进行的研究。"反推过去，研究言语行为就是研究词语意义，研究词语意义就是为了反观人的思想，反观"存在"与世界。这就是言语行为理论哲学目的解说。

言语行为理论创始人奥斯汀说，我们回顾哲学史时不必走得很远就会发现，一些哲学家多少总以为，任何话语（即我们说的任何事）的唯一可究之处，唯一有趣的可究之处，不是真即是假。还有这样一些哲学家，他们总以为，他们唯一感兴趣的东西是这样一些话语，它们能报告事实或者能描写情境的为真或为假。奥斯汀反对这一看法，他在列举了行事性言语（the performative，也有人译为"施为句"）、话语不得体（the infelicity）、显性施为句（the explicit performative）、话语用意（the forces of utterances）概念之后，在文章的结尾指出："我认为，如果我们注意这些问题，我们就可以清算某些哲学错误；哲学总是替罪羊，因为它展示了本该是人犯下的错误。"最后一段，他不无幽默地说："这个问题是不是有点复杂？是的，有点儿复杂；但是生活、真理与事物确实倾向于复杂。不是事物本身简单，而是哲学家太简单。大家一定听说过，过于简单化是哲学家的职业病，你可能会附和这个说法。咱们在私下里认为，这就是他们的职业。"至此，他的哲学目的和盘托出：清算哲学家的简单化毛病；本来现实生活中的许多话语不仅仅是以真假值来区分的，他们却硬是以为所说的话非真即假，不承认有另一类话语——行事性话语。他大谈行事性话语，是为证明这种简单化的观点是错误的。从而把问题的讨论牢牢地拴在如何通过言语行为看词语的意义、说话人如何表达自己的意思上——哲学转向后相当多的哲学家就是如此看待语言意义研究的。点明了这种哲学思路再来看言语行为理论，我们会知道，奥斯汀他们不是冲着语言而来，而是"把对语言的理解当成解决基本哲学问题的必要准备"（利科），他们认为"只有对于语言的说明才能获得对于思想的全面说明"（达梅特），他们是在对人的思想进行说明。

第二例：格赖斯于1957年在《哲学评论》（*Philosophical Review*）撰文一篇，名为《语义》（*Meaning*）。他不像其他语义学家那样利用逻辑语义概念去分析语义，而是试图通过分析语言交际过程中的交际意图去揭示语义。他的首要目的是要发现一个话语必须满足哪些条件才算有意义。最终，他提出了非自然意义理论，认为如果说话人 A 必须试图使话语 X 在听话人身上产生某种效果；同时，听话人必须领会说话人的这一意图，那么他的话语就表达"非自然意义"（non-natural meaning）。

"哲学的奥妙、哲学思维的秘诀就在于，一切都从人出发。"可是思维不能直接看到，通过言语思维，是日常语言分析学派的思路，所以，格赖斯这里所做工作的思路，完全是一种哲学思路。莱文森指出："纯粹用规约或规则来分析自然语言的使用永远也不会是完整的；可以交际的事情总是超过语言及其使用规则所提供的交际能力。因此，从根本上来说，我们仍然需要某种不依赖于规约意义的交际理论或概念，例如，格赖斯在其非自然意义理论中所勾画的那种理论。"可见，格赖斯的非自然意义理论对于语用学这门学科具有重要的意义。

第三例：格赖斯的另一论文《逻辑与会话》（Logic and Conversation）。在该论文开头四段中，格赖斯首先列出一套形式符号及其自然语言对应词在意义上的分歧点。他认为，承认这两套系统在意义上的分歧的人，大致上归为两类：形式主义者和非形式主义者。前者主张：就阐明最一般的有效推理模式的逻辑学家看来，形式符号比它们的自然语言对应词具有决定性的优越性。有必要酝酿并开始建构一套包括形式符号的理想语言，其句子必定是清楚的，其真值是确定的，确实是摆脱了形而上学的含义的；既然在这个理想语言之中科学家的表述是可以表达出来的（当然不一定准确表达出来了），科学的基础现在便在哲学上变得可靠了。非形式主义者则认为：建立一套理想语言的哲学前提植根于某些不可能被承认的假定之上。这里必定保留有形式符号的自然语言对应词的某种未经简化的（从而或多或少不系统的）逻辑的地位；这个逻辑可能得到形式符号的简化逻辑的帮助与指导，但不可能被形式符号的简化逻辑所代替。这两套逻辑不仅有所区别，而且有时相互冲突；支撑形式符号的规则可能不支撑符号的自然语言对应词。

进而，格赖斯亮出写此论文的本意："现在，本人在此文中无意对改造自然语言的哲学地位的一般问题发表什么看法。敝人仅对本书开头所提之有关两派的分歧的争论提出看法，却无意代表任何一方参加争辩。窃以为，争论双方所赞成'分歧确实存在'的共同设定的前提，宽泛地说，是一个共同的错误；并以为，这个错误发生于管辖会话的诸条件的性质与重要性注意不够。由此，我将撇开争论本身，径对以某种方式用于会话的总体条件做一探究。"可见，正文开头的四个自然段有很浓烈的哲学色彩。

首先，比较形式符号与它们的自然语言对应词之间的分歧，就是逻辑的，因而是哲学的。攻守两派都是从哲学上着眼，如主张理想语言的哲学家认为，通过语言精确地、明晰地表达思想、观察理性、确定真值、避免混乱，以求在哲学上变得可靠，这正是他们这个学派所追求的目标。又如不主张构建理想语言的哲学家们回答，自然语言同样可以有效地推理与论证，即明晰准确地表达思想与概念，建立理想语言的哲学前提不可能被承认。这些当然是哲学性质的论述。

此外，在是否构建理想语言这个分歧上，就埋有深刻的哲学交锋，那便是：分析哲学家在对待如何清除语言混乱以求清除哲学混乱的问题上分成两派。分析哲学家（通常被称为"人工语言学派"，即格赖斯在此文中提及的"形式主义学派"）"大力主张用逻辑的手段分析和改造日常语言，因为日常语言表面的语法形式常常遮蔽和歪曲语言本体的逻辑形式，造成一系列哲学难题。在数学化、形式化的理想语言中，这些麻烦就消除了。日常语言学派坚决反对构建人工语言，他们认为日常语言本无错，是人们'哲学式地'使用导致谬误"。他们主张从日常语言的实际应用中，从语言的不同功能中研究语言。这就是格赖斯此文中说"只能是两种逻辑并存，即'形式符号的自然语言对应词的某种未经简化的逻辑'与'形式符号的简化逻辑'并存，不可能一个代替另一个"的背景。

以上三例说明，没有哲学之魂的语用研究是不得要领的，如果把语言哲学研究中本有的哲学叙述抹掉，就抹掉了语言理论的底蕴，抹掉了推动力，也抹掉了哲学的本意。

语言学的语用学有着深厚的哲学渊源。语言哲学的研究目的是为了揭示语言的普遍性特征。我们之所以能用语言进行交际、交流，是因为我们相信我们使用的语言的词语是有意义的，相信我们之间对这些词语意义的理解也大致相同。语言哲学关心什么是意义，词语如何获得意义。于是，哲学家们着重探讨语言中的词语之间的关系，它们的意思（sense），它们的指称（reference）；研究存在这些词语的那种语言。语言哲学要研究的内容，包括什么是意义、真理、指称、言语行为等重要课题，提出了很多有待语言学家解决的语言本质问题。其研究成果不仅为语言学的语用学奠定了理论基础，而且促使语言学家重新认识语言及其方法，尤其是语言的运用与理解的方法。可以说，哲学家对语言研究的成果是推动语用学发展的直接动力。淡化哲学目的，就会丢掉很多可能是给普通语言学奠基的东西。比如说，上面提到的这两个哲学派别（理想语言学派与日常语言学派）的争论，作为独立的学术派别，已不复存在，但他们之间的争论，为一些学术领域如语言学、逻辑学和科学方法论输送了相关的成果，尤其是对语言学，提供了直接的成果。可以说，学派争论的结果已转化成了对其他学派的奠基性的理论贡献。

（四）语用学方法论

《语言学方法论》（外语教学与研究出版社 1997 年版）全面地介绍了语言学的研究方法，对我国从事语言学各学科研究与教学的人员都有很大的启发和帮助。正如该书序言中提到的那样，"凡称为学，必有学术上的方法……"经验证明，无论从事哪个学科研究，没有正确的方法就得不出正确的结论。但是，研究方法很多，我们要结合自己所从事的学科特点，选择合适有效的研究方法。语言学中不同的研究门类，其方法自然不一样。研究语言形式和研究语言功能的学者所采用的方法各异，因此，我们不宜只强调自己研究领域中熟悉的方法，而贬低另一研究领域的人所熟悉的方法。

语用学研究语言使用者理解话语的潜在能力，它关心的是人们如何使用语言来相互交际。语用学的研究方法很广。由于它涉及的是动态的语言，人们普遍遇到的难题是无法对语言事实做出全面的认识，因此，我们只能对语言事实的某一局部进行观察，就某一局部得出结论。由于这些研究对自然语言的使用具有指导性，所以很有用处；所得的结论还可以给语言使用者以启发，具有很大的实践意义。

根据《语言学方法论》（序言）的划分，语言学的研究领域大体上分成三类：①应用语言学；②与语言学相关的学科；③理论语言学。语用学在这里被归入与语言学相关的学科领域，再加上这门学科本身也有自己的研究面，故其领域相当广阔，与之相应的研究方法也就多种多样。

语用学的研究面是语用学方法论首要明确的问题。何自然在《语用·认知·社会文化·外语教学》一文中已从宏观的角度介绍过国外语用学界开展研究的四大方向：①研究语言本身语用问题的语用语言学；②研究语言和心理认知的认知语言学；③研究语言和社会、文化的社会语言学；④研究如何习得或获得语用能力的发展语用学、语际语用学或跨文化语用学。在此则试图从微观的角度再就语用学的具体研究面谈几点意见。

1. 语用学的研究面

语用学的第一个研究面研究一般的句子意义（sentence meaning），它属于语用学和语义学之间的跨界研究。这个研究面着重研究句子意义的语用表现，研究直接与语言形式有关的意义，所以它属于语用—语言学的研究领域，其内容包括一些与特定的言语行为有关而在遣词达意时可能出现的词汇变异；一些如 so、well 等在语用上称为话语标记语（discourse markers）而在语法上又分别称为从属连词和副词的词语在意义和功能上的差异；一些如 manage、forget 等含蓄动词，criticize、charge 等评价动词，以及 even、just 等集中副词（focusing adverbs）所表明的语用前提和逻辑—语义前提（预设）的差异；一些如 some、but 以及不定冠词 a 等一类词语所表示的标准含义等，总之，这些研究是无须结合语言本身之外的语境来进行的。

语用学的第二个研究面则研究语境条件下的句子意义（contextualized sentence meaning），即在特定的话语环境下的句子使用意义或操作意义（operational meaning）。为此，要考察诸如话语环境、参与谈话的角色以及对话的类型等语境条件，考察诸如说话人的语气、声调、着重或强调方式、方言的使用、语码混用等语用因素，从而确定参与谈话的人所担当的角色。这个研究面的内容包括对诸如 in front of、then、there 等指示词语形式的不同理解及导致这些理解差异的因素。一些语用含糊现象的观察和分析，例如什么才算说谎？"Peter is bald"是不是说 Peter 一根头发也没有呢？"France is hexagonal"应该怎样理解？"Could you tell me when we get...Birmingham, please?"一类句子的歧义如何排除，以及母亲对儿子说的"You are a piglet"又应如何根据形象获得准确的理解等。这个研究面也包括研究其他一些足以影响话语内容和意义理解的种种因素。

语用学的第三个研究面研究说话人意义（speaker meaning）。说话人通过特定的话语表达其意图表达的信息，而这个研究面的重点则放在影响理解这种信息的语言、语境和语用因素。这个研究面的内容包括确定诸如请求、建议、拒绝、道歉等直接或间接表达的言语行为；为实施某特定言语行为所使用的策略；说话人的多余信息和信息减省的利和弊；对说话人表达的信息做出的感情回应；礼貌策略及其运用的条件等。

语用学的第四个研究面是研究听话人意义（hearer meaning），即听话人对听来的话语所做的理解。这个研究面的重点放在研究说话人的话语特征上，听话人利用语境因素理解说话人所表达的信息意图，导致听话人对说话人所说话语产生误解的因素和这些话语对听话人所产生的不同程度的影响。这方面的课题往往涉及言语交际中的认知，当前关联理论的研究和实践正是听话人意义这个研究面的重要内容。

语用学的第五个研究面研究话语意义（discourse meaning），研究如何正确理解听来的话语，从而做出适当的应对。这个研究面的研究大多是动态研究，内容包括话题变换标记的研究；参与谈话的人如何对话语的观点进行论辩和阐述；对特定的言语行为如何表达其顺序和层次，研究它们是否在听话人意料之内；如何认定说话人的态度是真诚还是讨好，以及他使用何种手段来取得说话的机会。这个研究面的热点是会话分析（conversation analysis，CA）。

语用学的研究并不局限于上述的五个研究面，每一个研究面还有许多研究领域。因此可以认为，语用学本身不可能有自己固定的研究方法，语用数据的收集和分析也就没有一个固定的路子了。根据笔者的观察，语用学的研究方法种类繁多，微观上要看人们从事语用学的哪个研究面的研究，宏观上又要看他们朝哪个方向探讨语用问题，以及应用什么样的理论来指导和分析。不过，从前面提到的《语言学方法论》划分的领域，以及宏观语用学所展示的研究方向看，语用学的研究往往同语言学相关的学科结合在一起。因此，它的研究方法也就相应地同其他一些学科（如社会语言学、人类学等）的研究方法一致了。

2. 数据收集

为了将问题谈得具体一些，我们先设想一个语用学的研究课题：例如观察"请求""道歉"一类言语行为的表现。为此，我们可以从四个方面着手收集材料：

（1）内省法（introspective approach）：内省法是生成语言学家们认可并乐意采用的数据收集法，但它也广泛适用于社会语言学数据的收集，在语用学数据收集上当然也用到这种方法。结合有关"请求"这个言语行为的研究，我们用内省法，就是根据自己的体验，确定在什么情况下要运用"请求"这个策略以及对什么人运用这种策略。内省法收效比较快捷，但有关数据的收集，其数量和范围都只限于研究人员自己的内省能力。因此，尽管不排除有真知灼见的地方，但总的说来，其结果必然是主观的、不全面的，甚至有时是做作的。

（2）商议法（consultative approach）：采用这种方法收集的数据要比用内省法收集的少带一些主观成分。我们会积极地请求操本族语的商议对象配合，观察和征询他们个人对数据的直觉感受。这种方法收效也比较快捷，而且有一些问题可以直接同商议对象做较深入的讨论，从而使收集到的数据具有广泛的代表性。不过，这种商议法也会产生一些困难：为了向征询对象收集数据，我们在同他们商议时，他们提供的答案往往受我们与之对话目的的影响，其准确性和客观性都大打折扣。此外，如果我们要调查和收集的数据是我们不太熟悉的语言，征询对象心目中又认定自己是调查对象，那么，他们就很难按照商议的内容同我们作平等的、无拘束的探讨，这样一来，收集来的数据的可靠性就要打折扣了。

（3）假拟自然法（pseudo-natural approach）：采用这种方法获取数据靠的是角色表演（role-playing）。这种角色表演又可以分为几种情况：

第一，通过书面或口头发言。要求受试者想象自己当时的处境，做出合适的讲话。我们以"道歉"为例，假如我们正在朋友家做客，一位同事不慎掀倒了一只盛满鲜花的花瓶，瓶中的水流了满地，弄脏了地板。这时他应说什么呢？又如"请求"，假如我写信给我在上海的朋友，请他在那里为我选购一辆大众汽车公司生产的轿车。这时，我又应该怎样开口？

第二，两个或两个以上受试者想象自己处于某现场做假拟表演。例如，模拟解决社交上某种争议，双方各扮演一定的角色，就像处于真实的环境中一样展开对话。对这样的假拟表演我们很难知道受试者会如何争论下去，也没有机会对情境做深入的考察；受试者对语境的理解也可能与我们不同。如果我们认为在某特定的语境下无须道歉，我们也可以改作请求，甚至我们认为当时的环境没有可能假拟提出请求，那么我们也可以让受试扮演另外的角色，改为实现"道歉"或"请求"等言语行为。

第三，其他一些通过角色表演而获取数据的假拟自然法还有讲故事、上电视节目和演话剧等。这时，编故事、写剧本或设计表演情节的人要有意识地安排一些情境，让角色参与者有实施"请求"或"道歉"等言语行为的机会。

第二节 国内外语用学研究与发展概况

一、我国的语用学研究

（一）语用学的引进

许国璋先生率先向国内读者介绍语用学。1979年他摘译了英国牛津学派分析哲学家、现代语用学之父奥斯汀的演讲稿《论言有所为》（*How to Do Things With Words*）中的三讲，发表在《语言学译丛》上。

20世纪80年代，胡壮麟的《语用学》一文较为系统地介绍了语用学这门学科，涉及其研究对象和方法、各语言学派对语用学的评论、语用学与其他学科的关系和语用规则等四个方面。自此，语用学在中华大地上生根发芽，茁壮成长。早在1986年，沈家煊就汉译了莱文森《语用学》一书的各章，内容涉及指示现象、会话含义、言语行为、预设和会话结构，发表在《国外语言学》上。1988年，他译介了关联理论（Relevance Theory）；在《讯递与认知的相关性》一文中比较了关联理论和格赖斯理论之间的差异，指出前者是对整个讯递做统一解释，减少了格赖斯理论中的任意成分。

1988年，我国著名语言学家何自然全面介绍了语用学的产生、研究对象和主要分支，包括指示语、前提关系和言语行为等。何自然将语用学这门古老而又年轻的学科展现在中国读者面前，把他们带进了一个全新的学术天堂。

1991年，钱冠连论述了欧洲宏观语用学代表人物维索尔伦（Verschueren）的语言适应论，该理论认为应抛弃语用学与语音、语义、句法、形态四学科平行观，语言适应涵盖适应的对象、层次、阶段、领悟程度和适应策略五个方面。2000年，钱冠连评述维索尔伦的《如何理解语用学》。在该书中，维氏构建了一个统一连贯的语用学理论框架，区分了语言资源的语言学和语言使用的语言学，引导人们对语言现象做更深入的研究。

奥斯汀的言语行为理论是语用学领域最早的主要理论，也是现代语用学的理论基石，美国哲学家塞尔发展了该理论并提出了间接行为理论。顾曰国介绍了塞尔的言语行为理论，涉及言语行为的分类和形式化问题。

何自然介绍了英美学派和欧洲大陆学派对语用学的研究状况，基本上囊括了20世纪90年代西方语用学的研究范围。2003年，作为国内语用学领军人物，何先生又把语用学领域的新事物——语言模因论引进中国，使国内语用学紧跟上国际语用学发展的步伐，极大促进了我国语用学研究的发展，为国内普及语用学做出了巨大贡献。

中青年学者冉永平参照第十二届国际语用学大会的主题和专题发言，综述了当代语用学研究的学科交叉融合性，让国内语用学学者及时把握语用学多维性及跨学科的发展趋势。

（二）语用学在我国发展概述

语用学理论在汉语研究中的运用极大地推动了汉语语用学研究的快速发展。早期的汉语语用学研究是从语法角度展开的，其标志是句法、语义和语用三个平面结合的思想，它是文炼、胡附在合写的《汉语语序研究中的几个问题》一文中提出来的。在此后的十几年里，汉语语法学界关于三个平面学说的讨论很热烈，许多学者就此撰文阐述自己的观点，如范开泰、史锡尧、施关淦、范晓、胡裕树、廖秋忠、杨成凯、邵静敏等。

语用学理论在汉语中的应用研究是运用语用学的理论和方法来分析汉语语言事实，解决汉语实际问题。这方面的研究也已取得了可喜的成果，如马希文、方梅利用"预设"概念分析了汉语中跟副词"再"有关的句式、对比焦点的句法表现手段等语法现象；范开泰、徐赳赳、施关淦、袁毓林从语用角度对汉语中的省略和隐含现象进行了考察和分析；沈家煊、徐盛桓对语用否定和含意否定问题做了较为全面的描写和讨论；王建华、程雨民、袁毓林、杨亦鸣等运用语用学理论研究汉语歧义句，部分地解决了汉语歧义问题。

我国汉语界在语用研究方面的突出成就是对语境的研究。1991年在山东大学召开的第二届全国语用学学术研讨会上，汉语界学者从语境的意义和性质、范围和构成、分类和分级、功能和作用，语境与其他学科之间的关系，以及语境的研究方法等方面进行了深入探讨。1992年国内出版的第一部语境研究论文专集《语境研究论文集》收集了中外学者关于语境的研究论文（或专著节选）40余篇，从语境研究的历史与现状开始，探讨了语境对语言的微观和宏观结构的制约、语境与语言教学等方面的问题，比较全面地反映了几十年来有关语境研究的概貌。近年来比较有影响的语境研究专著有王占馥的《语境学导论》《语境与语言应用》《汉语语境学概论》；刘文义的《语境学》；冯广艺的《汉语语境学概论》《语境适应论》；王建华的《现代汉语语境研究》，充分展示了汉语语境研究的丰富成果，显示出其蓬勃的发展生机与活力。

作为汉语语用学研究重要成果的集中体现，十几年来国内出版的语用学专著、教材、论文集等数量众多。国内第一部语用学专著是何自然的《语用学概论》，该书"几乎囊括了莱文森《语用学》一书的各个部分"，被许多高等院校选为语言学专业教材，并于2002年出版修订本，汲取了国内外语用学研究的最新成果。何兆熊的《语用学概要》也是外语界很有影响的教科书和参考书之一，该书再版时吸收和补充了国内外语用学研究的最新成果。

钱冠连的《汉语文化语用学》则可以说是我国第一部以汉语为语料、以汉语文化为背景的语用学专著，代表了汉语文化语用学研究的最高成果。熊学亮的《认知语用学概论》对语用学各派理论做了扼要介绍，并对关联理论、认知语境、语用推理和认知语法等问题做了较为全面的评介，从中可以了解语用学发展历程的概貌。何自然、冉永平的《语用与认知—关联理论研究》收录了国内关联理论研究的代表性成果，为推动我国语用学研究向纵深发展，建立具有中国特色的语用学理论体系做了有益的探索。索振羽的《语用学教程》是国内最早为中文系汉语专业研究生编写的语用学教材。该书在言语交际总框架中研讨了语用学的各个重要课题，并根据汉语运用实际对西方学者提出的某些理论做了修正和补充，提出了自己的新理论或原则、准则，具有较高的学术参考价值。

（三）对于语用学的质疑

我国学者在积极引进西方语用学理论的同时，也对其进行了深入分析，提出了自己的真知灼见，做到了批判吸收和理性选择并举。顾曰国着重指出了奥斯汀言语行为理论在施事行为的分类和分析取效行为两方面的不足之处。他认为，奥斯汀在判断说话者是否做了某一取效行为时，忽略了他的动机和意向，犯了行为等于效果的错误。顾曰国指出，不能一味用效果来决定取效行为的性质，而应用听者的反应来定义说者的行为。

1990年，钱冠连纵观中国语用学从无到有的发展历程，论述了宏观语用学从功能性视角探讨语言的合理性；相比之下，英美微观语用学派视野显得狭隘，发展受限。

高航介绍了各国学者对布朗和莱文森以面子概念为核心的礼貌理论及利奇的礼貌原则的评价，认为那时的研究多半仅关注对听话人所采取的礼貌策略，却忽略了交际的另一方（说话人）。另外，内涵狭窄的礼貌概念可以包括在面子策略内。礼貌研究应该严格区分策略性礼貌和指示性礼貌，注意交际双方如何调整不同的面子需求。

袁毓林讨论了否定的辖域、焦点和预设等概念，认为否定有独立的辖域和焦点，其位置有特定语序之效。从自然语言逻辑的非单调性角度，证明否定句的预设事实上是不可取消的，因而否定句外部否定的释义是不存在的。因此，"否定句并没有辖域歧义，也没有语义模糊"。

此观点是对西方关于否定句传统看法的一种质疑。2000年，姜望琪系统介绍了各种指示语的语用功能，并指出指示语研究中存在不少问题，如指示语可以有非指示的用法。在讨论语篇指示语时，指出了莱文森区分照应语与语篇指示语的错误，认为语篇指示语与韩礼德（M.A.K. Halliday）提出的衔接概念相似。

为推动我国关联理论研究不断走向深入，并为广大学者搭建一个学术交流的平台，广东外语外贸大学外国语言学及应用语言学研究中心于2001年主办"第二届关联理论专题讨论会"，研讨了关联理论的最新发展、存在的主要问题、交际观与认知语境观，及其解释力与应用等问题。学者们已经不再满足于介绍国外权威理论，而是对其中的某些观点进行质疑，提出独特见解。

2008年，唐瑞梁从莱文森一般性会话含义（Generalized Conversational Implicature）的性质、研究目标以及该理论引发的语用—语义界面问题三个角度分析其主要缺陷，以使我们进一步加深理解一般性会话含义理论。他指出，列氏理论虽然改变了过于偏重特殊性会话含义研究的倾向，比格赖斯理论具有更广泛的应用性，但由于受到研究方法以及理论基础的影响，存在诸多瑕疵，还需要进一步完善，以便更广泛地应用。

一直以来，格赖斯会话含义可取消性理论受到学界同仁广泛认可。与格赖斯针锋相对，2010年，孙玉在深入研究的基础上重申会话含义不可取消论：

和明说相同,会话含义既是说话人能想到的、要表达的意义,又是听话人能领会到的。所以,它是一种不以人的意志为转移的客观实在,具有不可取消性。这种观点对语用研究具有理论上和实践上的双重指导意义,能解决交际研究中的诸多悖论。

(四)语用学的创新与发展

中国学者在批判吸收西方语用学理论的同时,创造性地运用语用学的普遍原理解决汉语中的各种语言现象,实现了西方语用学中国化,取得了不少实质性的突破,提出了不少独创性的观点,某些领域甚至超过西方学者的水平。语用学在中国走过了30年历程,取得了不少成就,尤其是汉语语用学日益受到重视,已成为国际语用学界的一大亮点。在教材建设方面,长期领航中国语用学研究的何自然出版了我国第一部语用学教材《语用学概论》。1997年,何教授又出版专著《语用学与英语学习》,专门探讨语用学研究如何指导英语学习。另外,姜望琪编著了《语用学——理论及应用》。姜教授结合国内外最新研究成果对语用学的主要理论做了系统的分析和评述。《语用学——理论及应用》是我国第一部介绍语用学理论的英文专著,内容全面、深入浅出、语言地道,是一部很好的语用学入门书。何自然与冉永平合著的《新编语用学概论》是《语用学概论》的第三个版本,增加了顺应论、模因论等与理解语言、使用语言和诠释语言有关的内容,使教学紧跟国内外语用学研究的步伐。

就理论创新而言,1985年,胡裕树和范晓提出了汉语语法研究三平面理论,即句法平面、语义平面和语用平面,试图在汉语语法分析中既把句法、语义和语用明确区分又有机结合。如今,三个平面的观点正成为研究汉语语法的新模式。钱冠连的《汉语文化语用学》是国内首部以汉语为语料、以汉语文化为背景的语用学专著。在该书中,作者摆脱了一般语用学专著依次讨论指示语、会话含义和言语行为等的套路,另辟蹊径,提出了"三带一理论",内容涉及语境干涉、智力干涉、语用原则与策略等,符合汉语文化的客观实际。另外,在他看来,语用学实质上就是人文网络言语学。

除了三平面论外,国内理论创新还体现在有学者试图对关联理论进行改造。例如,霍永寿在第二届关联理论专题讨论会上介绍了格特力(Goatly)的观点,提出了改进关联理论的想法和建议。就交际而言,斯珀伯(Sperber)和威尔逊(Wilson)提出了以话语理解而不是信息的产生为焦点的明示—推理模式。可见,关联理论并没有关注言语交际的全过程,即未对话语生成和话语认知推理等信息处理过程兼而顾之。向明友指出,"只有将发话人的话语生成过程与受话人对话语的认知推理过程一并纳入分析范围,才有可能找出我们所需要的有关语言交际的理论"。

在学科交叉研究方面,夏中华提出,修辞学和语用学的结合很有可能,也非常必要。修辞学和语用学的研究都涉及语言的使用,它们在主体内容、哲学基础等方面都有相当的一致性,彼此能为对方提供新的方法或借鉴。两学科之间在研究内容和研究方法等方面互相渗透和借鉴,将为修辞学注入新的活力和生机,提升修辞学的理论层面和学术高度。

为及时总结我国语用学研究成果,中国社会科学院语言研究所"汉语运用的语用原则"课题组隆重推出了中国首本语用学论文集《语用研究论集》,这是国内汉语界的一次语用研究成果展,且有相当的理论深度和实用价值。2001年,束定芳主编《中国语用学研究论文精选》。该论文集共收集20世纪80年代以来发表在中国外语核心刊物上、反映中国语用学研究发展轨迹的有关论文53篇,分为综述、会话含义、言语行为理论、预设、会话结构、关联理论、礼貌原则与礼貌现象等八个部分。

二、国外语用学发展概况

国外语用学可分为宏观语用学和微观语用学两个方面。宏观语用学从语言使用者和社会角度研究语用,关注语言使用的社会语境或机构语境(institutional context,如警察局、保险机构、移民局等政府部门和其他各种机构),而微观语用学则探讨一些传统的语用课题,如指示语、会话含义和言语行为等。

(一)宏观语用学

宏观语用学以欧洲大陆的一些学者为代表,如梅伊(J.L. Mey)和维索尔伦。他们认为语用学不是语言学的一个组成部分,而是考察语言的功能性视角,是结合语言运作的认知、社会和文化因素的一种研究思路。它从语用角度探索语言的功能,并考察人类交际所必需的社会背景信息。宏观语用学把语言研究和经济、社会、政治及文化状况联系起来,关心的是社会因素和意识形态对人类言语行为的限制,如处于强势地位的社会群体如何利用语言手段控制和操纵弱势群体。宏观语用学对格赖斯的合作原则及其准则提出了批评,认为必须结合社会因素才能正确理解和分析人类交际。与此相关,近年来出现的批评性语篇分析正日益引起关注。

萨朗奇和斯朗布鲁克(Sarangi & Slembrouck)认为,研究者必须考察会话参与者的身份、地位、权力、利益、期望等与语言使用形式之间的关联。

比如在机构（卫生、保险、社会团体）与个体的交际中，集体与个体具有不同的目标，他们之间可能存在利益和意识形态冲突，因此他们的交际并不是格赖斯意义上的合作性的。如在新闻语篇中，无论读者怎样希望得到全面的报道，报纸作为提供信息的机构，所能传递的信息和读者的期盼之间总有差距，原因是报纸要从其他机构获取信息。哈里斯（Harris）在考察了法官与被告及警察与犯罪嫌疑人之间对话的基础上指出，语用学必须容纳社会和政治的属性，因为所谓真实、适量、相关和清楚的说法，在脱离了言语行为特定的社会和政治背景时是没有意义的。在交际实践中，由于交际者相对于所述话题的社会地位和背景不同，格赖斯准则的适用性也就不同。

（二）微观语用学

微观语用学把语用研究看作语言学的一部分，和音系学、形态学、句法学和语义学平行，其范围局限于英、美语言哲学传统领域内的课题，如会话含义和言语行为、预设、指示以及会话结构等。微观语用学的分析大都是脱离语境进行的，并不关心真实的话语及其交际效果。如莱文森虽然讨论了一般会话含义和特定语境中的特殊会话含义，但更关注的是一般会话含义。莱文森举了一个违反方式准则的例子："Walk up to the door, turn the door handle clockwise as far as it will go, and then pull gently toward you." 他认为，这里的含义是指导听话人注意每一个操作步骤，殊不知这句话在有些情境中带有侮辱性，隐含听话人居然需要在那样简单的事情上接受详细的指导。这一例子实际上已脱离了真实的语言使用。此外，莱文森《语用学》一书对预设的讨论过于艰深，并未分析预设在实际交际中的情境。布朗和莱文森创建了礼貌理论，但此后未有后续的研究，而礼貌问题却成了宏观语用学研究的重要课题，迪冯（DuFon）等人收集的有关礼貌研究的文献长达52页。

在过去20年中，微观语用学研究的范围趋于狭窄，主要的工作是对格赖斯会话准则和会话含义推导机制做出修正。荷恩（Horn）把格赖斯的四个准则简化为两个根本对立的原则，即数量原则和关系原则。数量原则要求说话人在遵守关系原则的前提下，提供足够的话语，尽可能地多说，而关系原则则要求说话人在遵守数量原则的情况下提供必要的话语，话语不可超过必须的程度。这两个原则之间辩证的相互作用产生了整个格赖斯语用推理机制，可概括如下：在可以使用无标记表达式（结构简单）的情况下使用有标记表达式（相对复杂、冗长），往往被理解为传递一个有标记的信息，而该信息是无标记表达式所无法传递的。莱文森批评荷恩未能区分制约话语表层形式和制约信息内容的语用原则，提出用三个原则来取代格赖斯的四准则，即数量原则、信息原则和方式原则。

1. 数量原则

指导说话人以最大的信息量进行陈述，除非这样做违反信息原则，而听话人则认为说话人尽他所能说出了信息量最大的话语。

2. 信息原则

要求说话人在遵守数量原则的前提下，遵守最简化准则，尽可能少说，即提供足以实现交际目的的最小量的语言信息，而听话人则据此遵守扩展规则，即通过找到确切的解释来扩展说话人话语的信息内容，直到自己认为已明白说话人的意图。具体来说：听话人（1）假定所指事物之间存在常规关系，除非，a.该假定与常理不一致，b.说话人违反最简准则而使用了冗长的表达式；（2）假定如不违常理，句子所论述的对象确实存在；（3）避免存在多个所指实体的理解，具体来说，首先考虑代词或者零形式与上文所指实体是共指的。

3. 方式原则

要求说话人不无故使用啰唆、晦涩（有标记）的表达式，而听话人则认为，如果说话人使用啰唆或晦涩的表达式，他的意思和使用无标记表达式时的意义有所不同，具体来说，他是在避免无标记表达式所能引起的常规关系的联想，即根据信息准则可推导出的含义。

对格赖斯语用推理机制的修正，影响最大的是斯珀伯和威尔逊的关联理论。他们认为，人类认知有适应最大程度关联的倾向，这种倾向是人类为了追求认知效率在进化过程中产生的。认知效率和其他效率一样，是寻求成本（cost）和收益（benefit）之间的最佳平衡。就认知而言，成本是形成对实际或拟达到事物或状态的表征、从记忆中读取信息以及进行推理所需的脑力（mental effort）。而收益就是认知效果，即完善、修改或重组现存的信念和计划，从而改善有机体成功应对未来行动的知识和能力。人类的认知效率表现在能够从环境和记忆中选择值得关注并进行处理的信息。这样的信息是具有关联性的信息。外界刺激（话语、行为）及内部表征（思想、记忆）给认知过程提供输入，它们具有关联性特征。一项输入在特定时间和某个个体的关联性，与该个体能从信息处理中得到的认知收益成正比，与取得收益所需付出的成本成反比。这是第一关联原则，或者叫认知关联原则（Cognitive Principle of Relevance）。在交际过程中，说话人试图让对方感到自己的明示刺激具有足够的关联性，能引起他的注意。因此，每个话语（或其他明示刺激）都被假定具有自身关联性（Presumption of Relevance）。这就是第二关联原则，即交际关联原则（Communicative Principle of Relevance）。这个原则是推理过程的关键。

关联性假设可表述如下：说话人的话语在与其能力和倾向相一致的前提下最具关联性，其关联程度足以值得听话人注意。听话人在理解过程中接受这一假设，在为获取信息的推理中，遵循最省力原则。具体是，在试图区分歧义、确认指称、推断含义时，遵循解释的可及性顺序（order of accessibility），当关联性期待得到满足的时候，推理停止。关联理论在语用学和其他领域产生极大影响，斯珀伯和威尔逊的《关联：交流与认知》被认为是过去十几年在语用学领域中最具影响力的一本书。关联理论被应用于各个领域，如句子范畴和词类、语气、小品词和副词、时态、情态动词和助词、语篇和话语、修辞风格等，并被用于分析大众传媒、文学、翻译、幽默，甚至教育和政治语言等。微观语用学对语法和语用接口问题的研究同样引人注目。会话准则、预设和言语行为等语用现象被认为是句法现象的动因或简化了的描述。

这方面研究的热点是回指。回指是指一个语言单位对前面出现的另一个语言单位或意义的指称。广义的回指包括前指和后指。回指研究首先在生成语法中开始，近年来成为语用研究的一个热点。人们关注的是，听话人在处理各种回指表达式（如名词短语、代词和零形式等）时，是怎样正确判定其先行词的。生成语法用管辖与约束理论讨论回指，而语用学家们则用语用原则加以描述和解释，如莱文森提出的新格赖斯语用照应机制。

莱文森指出，三个新格赖斯语用原则互相作用产生共指和非共指含义，结果如下：①当不能使用反身代词来表示共指关系时，使用其他代词会因数量原则产生非共指含义；②当在不能使用反身代词的环境中使用最小信息量表达式（比如代词或零形式），会因信息原则产生共指的理解，这是优先的理解；③使用有标记形式，如在可使用无标记零形式共指的情况下使用代词，或在可使用简单的代词共指的情况下使用完整的名词短语，往往会产生非共指含义。黄衍结合汉语的回指现象，对莱文森的框架做了重要修正。坎普逊（Kempson）则应用关联理论解释了英语的回指现象。

微观语用学从语用角度解释语法现象的另一个重大成果是短路含义（short-circuited implicature，SCI）。我们来看下面的例子：

(1) Can you close the window?

(2) Are you able to close the window?

(3) Do you have the ability to close the window?

这三句话看起来是同义的表达，都询问有无能力做某事。然而例（1）在更多的时候被当作请求，它的言外之意等同于"Close the window"。在这种情况下，听话人无须经过从询问意义到请求意义的推理，不假思索就会把例（1）理解为请求。这种短路含义的形成，是因为交际双方熟悉相关的用法规约，这类"Can you...？"句子的用法已规约化为请求。请求的形式特征是可添加"Please"。

例（1）同"Close the window"一样，可在适当的位置添加"Please"，而例（2）和例（3）就不行。摩根（Morgan）举了很多例子说明短路含义是从语用到意义、从隐喻到成语、从修辞到语法逐步规约化的中间站，例如，今天的"Goodbye"是由最初的"God be with you"演变而来的。

（三）分析与探讨

过去20年国外语用学的快速发展，大大加深了我们对语言使用规律的理解。虽然语用学的许多最重要的概念和发展动力来自语言哲学，但语用学已具有自己的生命力，并处于与许多学科交叉的结点上，如心理学、人类学、社会学和社会语言学。然而，目前的语用研究有以下几点值得注意。语用学的一些理论和概念正在成为教条。自1983年莱文森的《语用学》和利奇的《语用原则》出版以来，国外语用学的教材层出不穷。语用学的刊物，除了1977年创立的《语用学杂志》外，还有1991年国际语用学会创办的《语用学》和本杰明公司1993年开始出版《语用学与认知》。这些教材和期刊的内容多有雷同，一般都是指示语、言语行为、预设、含义、会话和语篇，有的可能还论及语用学与社会语言学、心理语言学和认知科学的联系。这种雷同可能被认为是语用学有确定的领域的标志，但同时也意味着我们看待语言使用的方法正在习惯化，甚至正在僵化。维索尔伦指出，人们倾向于把语用研究看作语言学的分支学科，为什么不能看作是观察语言的特定视角或研究取向呢？淡化学科概念可解决大部分分界问题，而且可摈弃唯我独尊的门户之见。

语用学的某些概念和前提很少有人怀疑。例如，格赖斯的会话合作概念，虽然已受到挑战，但影响仍然很大，国内的学者不断将它应用于新的领域（如翻译）。然而现实表明，很多交际行为充满了冲突。再如礼貌理论，它有一个假定的前提，即交际和谐是普遍规范。然而正确的研究不应采取社会规范的立场。不礼貌现象并不总是违背社会常规的举动，它有可能是一种斗争的策略或手段。

（1）从认知角度研究语言使用已成为必然，但不必是在关联理论为代表的认知语用学框架内。比如，潘塞和索恩伯格（Panther & Thornburg）指出，根据言语行为或会话理论所做的话语分析认为，听话人需要经过推理才能理解交际目的，然而这不能满意地解释会话参与者为什么毫不费力就可以领悟对方意向。而且，上述理论没有具体、系统地阐明话语解释所需要的推理模式。因此，他们提出用场景结构相当于认知语义学中的框架（frame）和理想化认知模型（idealized cognitive model）来分析会话。他们认为，各类会话场景由核心和边缘成分组成，由于存在因式效应（即会话者熟知各成分之间的联系），加之上下文线索，场景中的某一成分（即便是边缘成分）即可激活整个场景。这就是说，场景中的单个成分可起到转喻（metonymic）或至少是指示（indexical）的作用。

语用学和认知语言学具有共同的功能主义取向，也可以说认知语言学具有语用视角。认知视角和语用视角之间有本质上的联系。认知语言学假定：语言作为人类的系统行为，必定建立在很复杂的认知结构的基础之上，否则不可能运行。然而我们无法直接接触这一结构（即所谓的黑箱），因此只能从各类外在的行为特征来推断它的构造和特点。语言是认知结构的输入和输出，通过语言行为探索这一结构无疑是有效的途径之一。

语言涉及结构和功能两个方面。对功能的性质可以有分歧，就像对结构的性质有分歧一样，但我们无法否认两者都存在，并且相联系，因为一个结构在特定的语境中具有特定的功能（意义）。如果我们能够把语言行为的结构和功能两方面的证据结合起来，就有可能成功地推断出底层的认知结构。只关注结构意味着放弃另一半证据。乔姆斯基把结构（即句法能力）当作可单独研究的一个大脑模块，认为语言行为的其他方面由不同的大脑模块来处理，这是错误的。语言能力涉及整个认知系统，每个语言行为都是这个系统各部门相互作用的结果，了解模块必须在了解整个系统的基础之上才有可能。

（2）新的研究角度正在形成。目前语用学理论中模糊不清的概念和术语及互相矛盾的观点和证据令人失望，因此有些学者开始尝试摆脱现有理论的束缚，从新的角度来研究人类的语用能力。例如，帕金斯（Perkins）提出，语用是一组语言认知子系统和非语言认知子系统之间互相作用的结果，这种作用决定有多少信息通过语言来编码，有多少信息不必说出来，因为后者可从语言和非语言情境中提取。这种取舍的关键是平衡，如何运作是语用学的重要课题。当整个系统出现问题时，各个子系统的作用才显现出来。帕金斯分析了有交际障碍患者的话语，考察哪些方面（语音、语法、词汇还是其他）受到损害，以确立该成分作为独立于系统的地位。类似研究有可能对语言使用的模块性假说提供有力的证据。

（3）语用研究开始注重实证研究，用少量内省语料建立语用理论的做法不再流行。目前有越来越多的学者开始采用语科库来研究语用现象，如话语标记语（discourse marker）和会话结构。

第三节　语用学的研究对象与方法

一、研究对象

语用学的研究对象是日常话语。日常话语可以是两人或以上的言语活动，可以是单人的言语活动，也可以是书面的实用语篇（和"文学语篇"相区别）。两人或以上的言语活动，如一对一的对话、多对一的法律审问、一对多的回答（如面试中一人应对多人的考问）、多人的无序会话（聚会、吵架、争辩）、单人的言语活动、一对多的演讲、上课等。实用的书面语篇，如日记、新闻语篇、告示、信件等一切为了实际上用来交际的语篇。

语料采集的理想方式是录音与实地记录。允许的方式是从档案、新闻、采访、报告、回忆录等真实记载里摘取。语言工作者对母语的语感，包括凭语感所记忆的话语，一般来说，也是可靠的。

为了反映"语言是人的存在方式"这一命题，本书的语料引用与操作采用三个新的方式。

（1）话语引用不从文学作品中来，只以真人的真实话语为依据。它们来自笔者所制作的录音（最理想的材料，可惜太少）；通过文字记载和电视传播的新闻、特写、采访、报道、传记、历史档案中的人物对话或语篇。上述人物对话和语篇与文学中的人物对话和语篇固然有紧密的联系，但这些毕竟不是话语原型，已是"二道贩子"的话——它是经过作家头脑深思熟虑的加工成品，成为审美对象了。这样的话语已经与日常生活话语有了相当的差别。日常话语中有相当多的失误与不妥，听得出明显的自我修正痕迹。而文学作品中的话语却是反复修改与提炼，几乎无错误。它对于文艺美学的研究具有完全满意的价值，对于语言研究却有一个致命的问题——失真。以那样理想化的语料为例子，得不到符合语言真相的语用原理与策略。话又说回来，即使使用新闻媒介中的话语与语篇，也不十分理想，因为话语记录人即作者仍然在美化（理想化）这些话语，总想将他们笔下的人物的话弄得通顺一点、有文采一点，这样就使话语在不同程度上失真。这里亦然，笔者虽然意识到这一点，也不得不用之。因为没有条件（那么多的器材与那么多的时间）全部采用实况录音。尽管如此，用这样的材料还是比用文学作品中的语言更适合于语言学论著。国外语言学著作中已经看不到文学作品的引用，想必是有一定道理的。

（2）在引用真人的真实话语之后，只注出材料提供人与提供的时间。那么，这样能不能保证可信度呢？可以。因为任何一个使用了母语几十年的人，他具有判断母语的运用能否被人接受的一般条件。赵元任先生说过，因为他在北京住过相当长的时间，所以他有资格在他的《口语语法》中凭语感写下这些句子。一般的写作人的语感，其丰富性与准确性，虽比不上赵先生这样的语言大师，但也不至于差到十万八千里去。英语的语言学著作中，例句注明出于某书某页的做法基本绝迹了。并非他们人人都是语言大师级的人物，有赵元任式的资格。但是，一般发表了作品的写作人具有判断母语的能力是不该受到怀疑的。又问，这样的材料有没有权威性呢？无须权威。上至学者，下至文盲，都有说话的权利，说错了就说错了，说错了的话也有研究价值。当然，上述不提供发表刊物的情况不适合于论点、观点的引用。

（3）最后的一点新尝试包括两个方面：一方面，争取做到话语的引用与说话人的面相身势与说话人的声气息三者标注同时出现。这样做的语言学目的是什么呢？简单地说就是，人在说话时，他的生命意识——可见的面相身势与可闻的声气息往往总是同时出现。这三者同时出现是生理与心理的规律，三个方面少掉一个方面都不是事实。面部符号、身势符号是附着符号束的一部分。深以为憾的是，由于太多的客观原因，往往不能做到全部的话语资料都带上面相身势与声气息的注明。

另一方面，是在话语出现之前，提供简短的话境说明。句法里面引用的句子可以不要语境注明，因为它只管符号与符号之间的关系，不管符号与使用人之间的关系，可以不顾语境，所以这些句子都是"零语境句"。语用学里的句子都是"语境句"，不注明语境，就不可能反映实际存在的语境干涉，就无法反映伴随的物理符号与意外符号，就不是言语的真实景象了。

这样，一个完整的话语引用就像这样一个例子：

语境注明：言语行为发生的时间、地点、事件等。

××（某种面容）：……（某种身势动作）……（可能的声气息）

实例如下：

语境：钱钟书朋友送来两支高级毛笔。

钱（欣赏地，开心地笑）：你没注意到吗？最近我给你的信用钢笔写的人送生发油。

（刘存孝，1989年6月）

请看，这里有话语（推出含义与意图）、人的面相身势（附着符号束之一）、声气息（生命气象）、语境交代，这就是一种大致的人的存在方式的描写了，不是吗？这种记录话语的方式，才能够全面真实地反映三带一理论其中的两个干涉：附着符号束的干涉和语境干涉（智力干涉看不见）。当然，这种做法能不能反映言语运用的规律，还需要在实践中接受检验。

这里还交代对术语使用的两个基本态度。首先，有必要创造新的术语，因为术语是学术思想的结晶，是对思考的沉积与物化，排斥必要的术语创造是不能想象的。但是，动不动就来一个新的术语，也是一种不健康的学术心态。其次，适当引进确有必要的国外的术语，这样对我们的研究总有方便之处。

二、研究方法

语用学应该是描写性质的，它必须从语言（汉语）事实出发，对汉语与附着符号束、语境与智力干涉相结合的种种有效用法和正确理解加以描述。描写语用学（descriptive pragmatics）即是揭示人们为达到某一特定的交际目的的语用能力的。于是，研究方法主要是归纳，由一系列的事实概括出一般原理。比如，笔者在寻找语用原理与策略的过程中，从大量的成功的会话案例中发现许多看来乱糟糟的事实，其中有几例，说话全然不讲礼貌策略，却非常合他（她）的身份与角色或地位，交际当然也是很成功的。这就于礼貌策略之外概括出一条运用权威策略。这个情境下，你不能说他不遵守礼貌策略，因为他表达了说话意图，达到了交际目的，尤其有意义的是并没有得罪听话人，所以有资格立为一条策略。

语用学的研究方法（主要是归纳）和言语运用的程序是反过来的。如果有人拿了这些原则去运用语言，去指导实践，则是演绎过程，即由一般原理推出关于特殊情况下的策略，他可以别出心裁地即席发明策略。

第四节 跨文化语用学概述

跨文化语用学是近20年来发展起来的，而且是发展得很快的一个语用学分支。近年来有大量的研究成果问世，国外学术刊物上用英语发表的有关这一领域的学术论文大约就有600多篇，每年还有许多硕士、博士生撰写这一方面的论文，跨文化语用学具有广阔的前景。

一、跨文化语用学概述

由于语用学本身是语言研究的一个新兴学科，语用学家对其研究范围的看法不尽相同，而且对"跨文化"的理解也各不相同，因此，人们对跨文化语用学的研究范围就更难有一致的看法了。何自然认为："跨文化语用学研究在使用第二语言进行跨文化言语交际时出现的语用问题。跨文化言语交际指交际一方或双方使用母语进行的言语交际。由于在这样的环境中所使用的第二语言总是或多或少地伴随着母语的文化特征，所以称之为跨文化言语交际。"尤尔（Yule）则认为跨文化语用学研究的是不同社团（community）对意义构建方法的不同期盼。还有的跨文化语用学著作，没有对跨文化语用学下明确的定义。要回答什么是跨文化语用学这一问题，首先要知道什么是跨文化，什么是语用学。

"跨文化"在英语文献中通常用两个术语来表示：一个是"inter-cultural"，另一个是"cross-cultural"。因此，我们常可以看到英语中"跨文化交际"分别用"inter-cultural communication"和"cross-cultural communication"来表示。语言学家和文化人类学家根据各自研究领域的特点对这两个术语的使用各有偏爱。语言学家和应用语言学家较多使用"cross-cultural"，而人类学家则更喜欢使用"inter-cultural"。尽管不同的人对以上两个术语的解释有所不同，但有一点是基本一致的，那就是"inter-cultural communication"的研究并不只对言语交际感兴趣，它还力图对影响跨文化交际的各种因素做出解释。它研究的重点是在非语言的文化因素上，尽管不否认语言在体现文化差异上的重要性，但文化问题似乎比语言问题更为重要。正如普罗瑟（Prosser）指出："事实上，尽管个人的语言与文化紧密相连，也确实在跨文化交际中造成重要的障碍，但语言问题没有其他的文化障碍那么严重。"

"跨文化交际"这一术语常用来指任何两个不同语言文化背景的人之间的交际。这样，跨文化交际不仅包括国际间的跨文化交际、还包括跨种族交际、跨民族交际，以及属于同一文化背景的不同群体之间的交际，包括不同年龄、不同职业、不同社会阶层、不同教育背景等的人之间的交际。

什么是语用学以及语用学研究的内容已在前面论述，这里就不再赘述。目前人们对语用学的界定还未有定论。不同的人对其研究的范围也有不同的看法。利奇（Leech）在对普通语用学定义时，给出了语用语言学和社会语用学的区别。我们在给跨文化语用学定义时也将采用这一区别。笼统地说，跨文化语用学指的是跨文化研究和语际语的语用学研究。前者的主要内容可归纳为跨文化语用语言学研究和跨文化社会语用学研究；后者称为语际语用学研究。

二、跨文化语用学的形成和发展

跨文化语用学的产生是语用学理论本身发展的结果。许多语用学理论的提出，如 60、70 年代的言语行为理论和会话原则的提出；70 年代末、80 年代初"面子"理论和"礼貌"理论的提出都引起了各国专家、学者的极大兴趣。言语行为理论和与哲学家塞尔、格赖斯的著作相关的以及以后的会话逻辑理论都认为美国白人的说话方式代表人类一般的说话方式。而以牺牲文化差异为代价、寻求普遍性的原则也是布朗和莱文森的"面子"理论的特点，这些理论都因以说英语国家文化或以西方文化为背景在语言学界常常受到批评。这些理论究竟在多大的程度上具有普遍性，这是各国语用学家所关心的问题。利奇提出其"礼貌"理论时已意识到这点，他在"有关人际修辞的研究（A Survey of Interpersonal Rhetoric）"一章中说：

本章对这一论题未论述的另一个方面是与人际修辞有关的不同语言和文化的类型研究。至今我们对不同文化间在这一方面差异的了解是带有趣闻逸事性质的，比如有这样的观察：有的东方文化国家（如中国和日本）比西方国家更强调"谦虚准则"，英语国家则更强调"得体准则"和"讽刺原则"……当然，这些观察认为，作为人类交际的总的功能规则，这些原则多少是具有普遍性的，但其相对重要性在不同的文化、社会和语言环境中是各不相同的。

利奇写道："在交际行为的跨语言比较方面我没有做什么，但这是一个非常诱人的领域，许多研究还有待去做。"因此，以上这些语用学理论的提出促使许多非西方文化国家的学者根据本国的情况，对这些理论的普遍性进行研究。跨文化语用学研究也就随之产生了。

跨文化语用学早期的研究主要是探索语用理论的普遍性问题，也就是说，以上提到的语用学理论在多大程度上具有普遍性。这种普遍性与言语行为研究尤其相关，因此，80 年代初就有许多实施言语行为的实证研究。这些研究通常都与"礼貌"现象有关。最著名的研究要数 80 年代初的 CCSARP（Cross-Cultural Speech Act Realization Patterns）项目。该项目就"请求"和"道歉"这两个言语行为进行了八种语言和语言变体之间的对比。这一时期跨文化语用学研究的主要内容有以下这些：

（1）确定不同语言文化语境中实现言语行为的常用策略以及这些策略是否具有普遍性；

（2）研究实现这些言语行为所用话语的礼貌程度；

（3）确定影响语言使用者选择某一言语行为的情境因素；

（4）调查与情境特征有关的言语行为形式的变化；

（5）语境变异的跨文化差异。

以上大多数研究都是在话语层次上进行的，语料收集方法大多采用非交际性的，像"话语完型"这样的引发法。"这些研究往往忽视了言语行为的多功能性,无法解释交际的动态性和意义的可磋商性。在日常生活中,同一言语行为可能具有多种功能,其言外之力在不同的语境中各不相同。另外,言语行为还会在交际的不同阶段起不同的作用,对它的解释也会因言语事件的不同而不同。"后来人们意识到有必要对言语行为从动态的角度进行研究,研究的单位也从单个的话语转向整个会话,如话语分析家发现"礼貌"常常隐含在整个话语的组织中,优先选择结构就是考虑"礼貌"的结构之一,其他如前置系列、插入系列、旁侧系列、修正系列、会话开始和会话结束的方式等对"礼貌"都有影响。

近年来,除了对以上提到的不同文化对言语行为策略的选择、不同文化在不同的语境中遵循利奇的礼貌原则及其各准则的差异等研究以外,人们还对涉及语言使用的各个方面进行研究,如对不同文化对各种语用因素的不同解释、不同文化在遵循格赖斯会话原则及其准则差异等进行对比研究。除了对以上这些方面进行跨文化的对比研究外,人们还对第二语言或外语学习者使用第二外语或外语的话用特征及语用能力的习得进行了研究。

不同的人对跨文化语用学研究的内容有不同的看法。何自然把跨文化语用学的研究内容大致分为以下四个方面:①言语行为的语用研究;②社会—文化的语用研究;③对比语用研究;④语际语言的语用研究。尤尔则认为跨文化语用学研究的是不同社团对意义构建方法的不同期盼。"对各种文化语言使用的不同方式的研究有时叫对比语用学。如果研究的重点放在非母语说话者试图用第二语言进行交际时的行为,那么,就被称作语际语语用学。"

不把对比语用学看作是跨文化语用学的一部分,是因为"对比"只是一种方法。对比语用学是采用对比语言学(指语音、语法、语义等层面的对比研究)的研究方法对语言的语用层次进行研究的一门学科,是对比语言学的自然延伸。跨文化语用学是对语用各层面的跨文化研究,而任何层次上的跨文化研究都必然要采用对比的方法。笔者比较赞同尤尔的观点,但他的定义太宽泛,归纳性不够。跨文化语用学研究的内容很多,主要内容可以归纳为以下三个方面:

(1)跨文化语用语言学研究,如对不同文化中相同或相似的语言形式语用功能的差异进行的研究、不同文化对言语行为策略的选择差异进行的研究等;

(2)跨文化社会语用学研究,如对不同文化对各种语用参数(pragmatic parameters)的不同解释、不同文化在遵循格赖斯会话原则及其准则上的差异、不同文化在遵循利奇的礼貌原则及其各准则上的差异进行的研究等;

(3)语际语语用学研究,如对人们在使用第二语言进行跨文化言语交际的语用行为以及习得第二语言时的行为模式进行的研究。

下面我们将这三项内容逐一进行介绍。

1. 跨文化语用语言学

语用语言学主要研究语言形式和语用功能之间的关系。跨文化语用语言学研究的是不同语言文化中相同或相似的语言形式的语用功能的异同，以及人们在理解这些语言形式和使用这些语言形式实施言语行为的异同。这包括语言形式的各个层面：语音、词汇、语法、修辞、语篇等。如在语音层面，声调语言与非声调语言的语调功能有明显的区别。汉语是声调语言，汉语里如果一个词的声调变了，该词就可能变成另一个词。英语中的词尽管可以改变它的声调，本义却不变。但英语中的语调却常常能表达一定的语用功能，如对"Do you know John Smith？"至少可以用两种语调作答，即升调和降调，但它们所表达的意义不同。用升调表示说话人要求问话人继续他想说的话，用降调则意味着对话就此结束。

两种语言中语义相同或结构相似的词可能会有不同的"解释倾向性"，如法语中的"prix incroyable"、英语中的"incredible price"和汉语中的"难以置信的价格"：都有"价格低得难以置信"和"价格高得难以置信"这两个意思。但法语中往往指的是前者，而英语和汉语中往往指的是后者。又如"of course"在英语、汉语和俄语中语义相同，在汉语、俄语以及许多斯拉夫语言中都无贬义，而英语中在类似以下的对话中"of course"具有说话者认为问话者无知这样的含义：

（1）A: Is there a party on Saturday evening?
　　　B: Of course.

（2）A: Would you like something to drink?
　　　B: Of course.

如前所述，同一言语行为可以用多种语言形式来实施，但这并不意味着这些语言形式可以相互替换，在一种语言中用来表达某一言语行为的最常用的言语行为策略在另一种语言中并非如此。如在汉语和西班牙语等语言中顾客到商店买东西常常用"给我……"这样的祈使句，而英语中却用消极礼貌策略，即常规的间接请求"Can I have..."加上"please"。

同一言语行为的构成在一种语言与另一语言中会有差别。如科尔曼（Coleman）和凯（Kay）指出典型的"撒谎"有以下特征：（1）所说的话是不真实的；（2）自己知道是不真实的；（3）有欺骗的企图。因此，典型的说谎应具有以上所有特征，如：你未经同意拿了别人的伞，然后说你没拿。

次典型的"撒谎",也许只符合其中的两个特征;如果只符合一项特征,那么,就很少有人会认为是撒谎。在大多语言文化中,"撒谎"这一言语行为都具有这三个特征,但并非所有的言语行为都如此。如汉语中的"道歉"和英语中"道歉"特征大致相同,但和日语中的道歉相比,则差别较大。汉、英语言中的"道歉"有以下特征:(1)说话者对某一行为表示后悔;(2)说话者对这一行为负有责任。日语中的"道歉"却并不一定具有第二个特征,人们有时认为在汉、英语中应该表示感谢的,日语中却要"道歉"。这是由于汉、英语和日语中"感谢"和"道歉"这两个言语行为使用范围的不同而引起的。

同一种言语行为在不同文化中使用的范围也会有差别。英语中用于表示说话者要求别人做事的动词很多,如 invite、suggest、request、command 等,但这些动词具有的特征却不完全相同,它们所表示的说话双方之间的权力关系不同;被要求的一方可能是受益者也可能不是受益者。但在汉语中表达同一言语行为的动词就非常有限。

不同文化在会话结构上也有较大的差异,以电话会话为例,汉语中的个人会话(这里指非工作环境的公事电话)在谈正事之前除了日常的问候外,常常会谈点家常,然后才讲打电话的真正目的。当然,有急事或打越洋电话则另当别论。会话的结束方式在汉英两种语言中也有较明显的区别,尽管汉、英语言中会话结束通常都包含结束系列、前置结束系列和话题界限系列三个组成部分,但具体实现这些系列的策略不同。以结束系列为例,英语中会话常常以会话双方交换以下这类告别语的方式结束:"Goodbye""Bye""See you",而汉语中则未必用"再见""明天见"来结束会话,人们常常以"好吧,就这样""好,那就这样了"等来结束会话。

以上举例说明了跨文化语用语言学研究的各个层次,但目前以言语行为为单位进行的研究居多,其中研究得最多的是与"礼貌"有密切关系的言语行为,如请求、道歉、恭维、拒绝等。言语行为的研究主要包括以下五个方面的内容:

(1)不同文化在实施同一言语行为时所采用的语言形式的差异,如祈使句、情态动词等;

(2)不同文化中能用于实现同一言语行为的不同语言形式中最常用形式的差异;

(3)在实现某一言语行为时,常常与之配合使用的言语策略,如缓和语、礼貌词语、敬语等方面的差异;

(4)同一言语行为在不同文化中使用范围及频率的差异;

（5）不同文化对言语行为理解的差异。

2. 跨文化社会语用学

"社会语用学是语用学研究的社会学侧面"，它研究的是"影响语言使用的社会环境"，即对影响人们语言使用的社会文化因素进行研究的一门学问。尽管"合作原则""礼貌原则""面子理论"等语用原则具有普遍性，但不同文化背景的人在遵循这些原则，以及对影响遵循这些原则的因素的解释上存在着差异。跨文化语用学就是要对不向文化间的这些异同进行研究。下面我们先介绍一下影响人们使用间接言语行为的因素，然后，说明人们在遵循语用原则上的差异。

（1）影响人们使用间接言语行为的因素。

在任何社会的自然言语交际中，间接言语行为可以说是一个很普遍的现象。正如奥斯汀和格赖斯所说，除了"显性行使句（explicit performatives）"外，任何言语行为在某种程度上都是间接的。我们知道影响人们使用间接言语行为的因素很多，但可以这么说，任何社会支配间接言语行为的因素是基本相同的，它们大致可归纳如下：

一是权力关系：你对听话者拥有多大的权力？会话双方的权力差别越大，说话就可能越间接（你对上司说话比对你儿子说话更间接）。

二是社会距离：你对听话者的熟悉程度如何？你和听话者越熟悉，说话的方式就可能越直接。

三是要求大小：你要求别人做的是小事还是大事？如你是问别人借辆自行车用一小时，还是借辆小车用一个周末？你向别人提的要求越高，问话的方式就可能越间接。这里的要求并非一定与物质相关，也可能指信息。如在英国问"时间"可以用非常直接的方式，但要问别人的收入则常用非常间接的方式。

四是权利与义务：会话双方的相对权利与义务如何？如果你要求别人做的事是你的权利（或者是别人的义务），那要比你求别人帮忙用的说话方式直接。例如，你叫出租车送你去车站所用的说话方式要比叫你的邻居送你去车站要直接。

以上所列的影响语用选择的因素并非一成不变，不同文化间的差别则更大。这些因素在言语交际的过程中是可以磋商的，也就是说随着会话的进行，这些因素是会发生变化的，如下面是个对"要求大小"进行磋商的例子：

（A is going off to a university. B is her mother.）

A: Mum. You know those browny glasses.

B：Mm.

A：The ones we got from the garage.

B：Mm.

A：Do you use them much？

B：Not really, no.

A：Can I have them then？

A打算去学校。她设法劝她母亲B给她几个玻璃杯。在她提出要杯子之前的一系列话语降低了杯子的价值，最后在她向母亲提出要杯子时，母亲就很难拒绝了。

又如下面是个对社会距离进行磋商的例子：

A：殷院长。

B：不用客气，我们都是朋友，你们年纪又比我大别叫我殷院长了，就叫我小殷吧？

A：小殷……

以上例子在英文中更为常见，如：

H：Dr Thomas?

J：Jenny.

H：Jenny.

以上两个例子中，会话双方都是初次见面。第二个例子中的A和第三个例子中的H为了礼貌起见都用了头衔加姓作为称呼，而B和H却都拒绝用这样的称呼，而要求用直呼其名或者"小"加上姓的方式来缩小说话双方的距离。有时为了达到某一特定的目的，说话者可能会改用称呼来改变听话者的社会角色以表示尊敬。以上例子说明影响间接言语行为的因素在日常交际中既可以缩小也可扩大。

以上语用因素还可根据不同的文化再进行细分，如斯宾塞–奥梯把"权力"这一因素分为五种：

一是奖赏权力（Reward power）：说话者权力高于听话者，因为说话者有对听话者产生积极影响的控制权（如说话者能给听话者高分、积极的推荐等）。

二是强制权力（Coercive power）：说话者的权利高于听话者，因为说话者有对听话者产生消极影响的控制权，如说话者有损害、惩罚听话者的权力。

三是专家权力（Expert power）：说话者的权力高于听话者，因为说话者有听话者所需的特殊的知识或专长。

四是合理/正当权力（Legitimate power）：说话者的权力高于听话者，

因为说话者在年龄、地位、作用等方面有优势，有权指示或要求听话者做事，如说话者是听话者的老师、是警察等。

五是参考权力（Referent power）：说话者的权力高于听话者，因为听话者崇拜说话者，或想在某一方面与说话者一样，如因为说话者是体育明星、流行歌星、民族英雄等。

以上这些因素在不同文化的交际中的重要性也不尽相同。

（2）对语用参数的跨文化研究。

以上谈了影响人们言语行为选择的因素，尤其是间接言语行为选择的诸因素。尽管这些因素本身在各种文化中具有普遍性，但不同的文化对这些因素的解释却各不相同。前述例子说明影响间接言语行为的因素在日常交际中既可以缩小也可以扩大，但在不同文化中人们对哪项因素应首先缩小或扩大以及如何缩小或扩大存在着差异。据观察，英国文化中似乎更喜欢缩小"要求"，而美国文化中则更喜欢缩小"社会距离"。在不同的文化中人们所渴望的"权力"，尤其是说话者言明的这种权力也是有差异的。如在英国许多人都渴望有"专家权力"或者"参考权力"，而不愿言明其"合理/正当权力"。而在其他一些国家，如日本，会话双方一开始就弄清对方与自己在年龄、社会地位等方面的关系是非常重要的。但遗憾的是这方面的研究成果不多。

以上提到的是各种文化背景的人对他们所渴求的权力存在着差异。另外，更容易被人忽视的是，会话双方的同一种关系在不同的文化中会有不同的解释，如父（母）子（女）关系在所有文化中都存在，但在有的文化中，这种关系意味着亲密的、非权威的关系，而在另一些文化中却意味着疏远的、权威的关系。

不同文化对会话双方的角色，以及与言语事件有关的会话双方的相对权利和义务的看法也各不相同。如在中国，教师对学生的衣着、发式提出批评，安排某位学生擦黑板实属正常，但在英国，这是不可思议的。这就是因为中国与英国对师生的相对权利和义务的看法不同。因为在中国强调"教书育人"，对学生的不良行为提出批评是教师的职责，而像擦黑板这样的事是学生的义务，也是尊敬教师的表现。

在这些语用参数中，各种文化间区别最大的也许要数"要求的大小"了。如在苏联，香烟非常便宜，你可以直截了当地向陌生人要烟，在中国，你也可以用不十分间接的言语行为向不十分熟悉的人要烟，如"我今天匆匆忙忙忘了带烟，给我一支烟"。而在英国香烟非常贵，即使向朋友要烟，也常常要用间接言语行为。

前面已经提到"要求的大小"并非只是指物质上的，也可以指其他的东西，尤其是信息。如问别人的体重，在中国是常见的事，在西方国家，除了在医院里医生问病人外，这一信息只能通过非常迂回的方式才能了解到。

（3）"礼貌原则"和"面子"的跨文化研究。

对于人们为什么说话时采用间接言语行为，利奇提出了"礼貌"原则来解释；布朗和莱文森则提出了"面子"理论来解释语言使用中的礼貌现象。这两个有关"礼貌"的理论的共同点旨在能对"礼貌"这一普遍现象做出解释。但同时他们也意识到在不同文化中礼貌具有的特殊性。布朗和莱文森认为他们理论中的核心——"面子"这一概念具有普遍性，但在特定的社会它又受到该文化规则的制约，如什么言语行为威胁面子？怎样的人有保护面子的特殊权利？以及怎样的个人风格受人喜欢等。利奇也指出，"礼貌原则"的各准则在不同的文化中的重要性不同。他举例说在日本文化中"谦虚准则"置于"一致准则"之上。

尽管礼貌具有普遍性，但不同文化在实现礼貌的方法以及在礼貌的判断标准上却存在着差异。这些差异是在社会、历史、人文、地理等多种因素的长期影响下逐步形成的。如利奇的"谦虚准则"，即"尽力缩小对他人的贬损；尽量扩大对他人的赞赏"具有普遍性，但在不同的文化中遵循这一准则的程度却不同。当英语文化背景的人受到表扬，常常说一声"Thank you"，接受别人的赞扬，以避免伤害表扬者的积极面子（positive face）来表示礼貌，而中国人常常以否定别人赞扬的真实性的方法进行自贬来表示礼貌。

有学者在讨论礼貌和个体主义（Individualism）时说：个体主义可能与人们从欧洲大陆教派的束缚中解放出来和大西洋彼岸新世界的开发有关，它在英语文化中受到高度的尊重。因此，尊重个人自由、尊重个人权利、尊重个人自主在英语国家被认为是礼貌的。布朗和莱文森把"主动给人提供便利或物品"和"向他人发出邀请"归为威胁面子的言语行为也就不足为奇了，因为它们在某种意义上妨碍了听话者的自由。但是，这对具有两千多年封建社会历史的中国人来说却很难接受，因为对中国人来说"主动给人提供便利或物品"和"向他人发出邀请"是出于诚意和关心，是为了让对方受益，所以，不管听话者的选择和喜好如何，说话者这样做总是被认为是礼貌的，必要时还得强行让对方接受，才真正体现他们的礼貌。

利奇的"赞同准则"，即"尽量缩小自身和他人之间的分歧；尽量夸大对自身的贬损"也同样是这样。尽管在各种文化中不同意别人的观点是非常正常的，但用怎样的方式来表示不同意却各不相同。如在英国，人们表示否定时常常使用"Yes, but..."这样的方式。这里的"yes"是与"赞同准则"一致，表面上的同意，是为后面表示不同意做铺垫，使人更容易接受。其他文化中（或在英国的学术研讨场合）却更能容忍对方直接表示不同的观点。而日本人表示不同意别人的方式常常非常间接，他们常用像"（Oh.）Do you think so?"这样的问句来表示反对，以至于非日本本族文化的人难以辨认他们究竟是同意还是不同意自己的观点。

第五节 语际语语用学研究

一、语际语语用学研究的主要内容

语际语语用学是 20 世纪 80 年代兴起的一个新的语用学分支，在近二十年的时间里已有大量的成果问世，这些成果主要包括以下内容：非母语使用者对目的语的言外之力和礼貌的判断和理解、非母语使用者的言语行为、情境因素对选择语言形式和言语策略的影响、语用失误、语用迁移、目的语语用能力的形成和发展、教学对目的语语用能力形成和发展的作用等。正如以上所说的，语际语语用学研究是从对母语使用者的言语行为的研究借鉴而来的，因此它还包括像话语顺序和会话技巧以及工作场合会话的研究等。上述这些研究都是以实证语用学，尤其是言语行为、跨文化语用学以及目的语交际社会语用学的研究为基础的。其研究成果对外语教学起着非常重要的作用。语际语语用学的出现受到各国语用学家，尤其是应用语言学家和外语教师的极大关注和高度重视。因此，语际语语用学的发展非常迅速。

"语际语语用学"这一术语来自英语，英语术语是"interlanguage pragmatics"。"Interlanguage"这一术语是心理语言学家塞林格（Selinker）提出的，指的是第二语言学习者在学习第二语言过程中所掌握的目的语。塞林格认为语际语系统是一种既不属于母语也不属于目的语的特殊语法系统，这种语法系统只能在第二语言习得环境下出现。塞林格对语际语的研究只局限于其语法系统。而语际语语用学则是在塞林格的"语际语"研究的基础上增加的一个新的层面，即语际语的语用研究。从这一意义上来说，它可归属于第二语言习得研究。又因为"语际语语用学"是从语用学的角度来研究语际语的，而语用学研究的许多论题都与文化有关，因而语际语的研究又必然涉及两种语言和文化，所以，语际语语用学又属于跨文化语用学。

正如卡斯珀（Kasper）等人所说："语际语语用学"是一个第三代的"混血儿"（hybrid）。正如其名所示，它同时属于两个不同的交叉学科。作为第二语言习得研究的一个分支，它是语际语研究的一个专题，与语际语音位学、语际语词法学、语际语句法学和语际语语义相对应；作为语用学的一个分支,它可以是社会语言学、心理语言学或只是语言学研究的内容,就看你如何确定语用学研究的范围了。

目前我国的语言学和外语教学学术杂志上几乎所有作者都把"interlanguage pragmatics"译作"语际语用学",而不是"语际语语用学"。笔者觉得尽管"语际语语用学"读起来比较拗口,但它更符合英语"interlanguage pragmatics"的原意,"interlanguage pragmatics"顾名思义是对语际语进行的语用学研究。"interlanguage"又称作"过渡语"或"中介语",因此,"interlanguage pragmatics"也可译为"过渡语语用学"或"中介语语用学"。而"语际语用学"或"过渡语用学"或"中介语用学"则较难理解,因为"语际"指的是语言与语言之间,那么,语言间的语用学研究的是什么呢?是指语言间的语用对比研究呢,还是指跨语言语用研究呢?令人迷惑不解。

语际语语用学是对语际语言的语用学研究,它可以分为广义的和狭义的两个方面。狭义的语际语语用学指的是对非母语使用者语际语言的语用现象和特征,以及这些现象和特征的形成和发展规律进行研究的一门学问。广义的语际语语用学还包括母语使用者通过语言接触而形成的跨文化语际语语体、语际语形成和变化的条件、语际语和源发语的关系和语际语的交际效果等的研究。笔者把狭义语际语语用学中从静态的角度对非母语使用者语际语言的语用现象和特征进行的研究称作"静态语际语语用学"。静态语际语语用学可分为两部分,一是从语用学的角度对非母语使用者使用目的语的语用现象进行研究,二是对非母语使用者理解目的语时的语用知识进行研究。笔者把对非母语使用者语际语言特征的形成和发展规律进行的研究称作"动态语际语语用学"。由于狭义语际语语用学研究的内容在第二语言习得的研究中最受重视,对外语学习的作用也最大,下面笔者就狭义语际语语用学的两个分支,即静态语际语语用学和动态语际语语用学分别做一介绍。

二、静态语际语语用学研究

从静态的角度对语际语言进行的语用学研究在80年代大多都集中在对母语使用者和第二语言学习者在言语行为的理解和使用以及礼貌级别的识别的差异上。这方面研究成果的总结介绍不少。卡斯珀和达尔(Dahl)对研究非母语使用者言语行为的使用和理解、第二语言言语行为有关知识的习得等39项语际语语用学研究所使用的语料收集方法以及研究本身做了较详细介绍和评论。卡斯珀对第二语言的言语行为进行了研究并着重探讨了迁移的作用。还有的学者从社会语言学的角度对语际语进行了研究。把语际语语用学的研究成果归纳为语用理解、语言行为的表达、语用迁移和交际效果等四个方面,并做了介绍。下面分别就语用理解、语言表达、语用迁移和语用失误等四个方面的研究做简要的介绍。

1. 语用理解

对语用理解的研究包括外语学习者对目的语言语行为的理解和礼貌手段的识别,这种研究主要集中在 70 年代末和 80 年代初。研究表明,语言形式、语境以及文化背景在非母语使用者理解第二语言间接言语行为时都起着重要的作用。但研究人员对哪一种因素的作用更大却存在不同看法。卡雷尔(Carrel)发现外语学习者不论其语言、文化背景如何,年龄大小如何,也不论他的英语能力如何,在理解间接言语行为时常常依靠语言信息。但相关研究表明儿童在理解间接言语行为时主要依靠语境信息,而非语言信息。对不同文化背景的人在理解间接言语行为时存在差异这一点是比较一致的。在礼貌手段的识别方面,研究表明母语使用者和外语学习者对表达"请求"策略的礼貌判断上具有很大的相似性,但也存在着一些差异。主要表现为,外语学习者对同一语境中语言形式礼貌的定位比母语使用者要高,这反映了他们对语言形式的礼貌级别过于"敏感",但不同文化背景的外语学习者在识别目的语礼貌手段时常常会借助识别母语礼貌手段的方法,因此,他们之间也存在着差异。礼貌手段的识别主要取决于对目的语接触的程度,尤其是与目的语母语使用者接触时间的长短以及接触的频繁程度。

2. 语言表达

研究表明各种语言虽然其系统不尽相同,但他们能表达的言语功能以及表达这些言语功能的策略大致相同。外语学习者在使用目的语表达言语功能时常常受其目的语的语言知识和使用目的语技巧的影响。因为同一语言形式在不同语言中能表达的言语功能以及使用的范围都可能不同,外语使用者常常有意无意地按照其母语语言、文化模式来操纵第二语言。因此,外语使用者与母语使用者在语用策略模式方面不完全一样。研究表明语际语中表现出来的语用语言知识的不足在一些像 "I'm sorry" "Excuse me" "Never mind" 等这样的形式化的日常用语的使用上体现得最为明显。在礼貌表达方式和礼貌策略的选择上,本族语与非本族语人之间也有差异。在许多场合美国人常用取悦对方的方式,如赞扬对方来表示礼貌,而中国人却常采用贬己尊人的策略来表示礼貌。本族语人大多以语境作为依据,而非本族语人常较少考虑语境。

3. 语用迁移

语用迁移指的是外语使用者在使用目的语时受母语和母语文化的影响而

套用母语的语用规则的现象。根据对交际的作用，语用迁移可分为正迁移和负迁移。正迁移指外语学习者在用目的语进行交际时套用母语语用规则获得成功，而负迁移则相反。语用迁移也可按照语用学研究的两个侧面分为语用语言迁移和社会语用迁移。语用语言迁移主要是指外语学习者在使用目的语时套用母语的话语形式，如日语表示不同意可以使用疑问句，但日本人讲英语时表示不同意也采用这一句式的话就会产生负迁移，因为英语通常不用疑问句表示不同意。社会语用迁移指的主要是外语学习者在使用目的语时套用母语文化中的语用规则以及语用参数的判断。迄今为止对语用迁移的研究大多都集中在负迁移上，对正迁移的研究较少。目前文献中证明语用迁移存在的材料很丰富，但对语用迁移在怎样的情况下起作用，在怎样的情况下不起作用的调查研究却很少。

4. 语用失误

语法错误从语言的表层结构就能看出，受话者很容易发现，常常把这种错误归咎于说话者语言知识的缺乏，因此可以谅解。语用失误则不然，如果一个能说一口流利外语的人出现语用失误，人们不会把他的失误归咎于其语言能力，而很可能认为他不友好或缺乏教养。引起语用失误的原因可粗略地分为两种：一种通常是由于外语学习者使用的目的语不符合本族语人的语言习惯或套用母语的表达方式而引起的；另一种是由于不了解或忽视会话双方的社会、文化背景差异而引起的。

三、动态语际语语用学研究

近二十年来的语际语语用学研究与语际语其他领域的研究不同。其重点一直都是对第二语言使用者所使用的目的语的语用特征进行研究，而很少对第二语言使用者或学习者语用能力的形成和发展进行研究，其主要原因是语际语语用学的基础主要是跨文化语用学的实证研究，而不是第二语言习得。因此，语际语语用学研究的课题基本上也就是跨文化语用学研究的课题。动态语际语语用学研究，即对第二语言使用者或学习者语用能力的形成和发展进行的研究则主要属于第二语言习得研究的范畴。因此，其研究内容也和第二语言习得的研究内容密切相关。近年来动态语际语语用学研究的问题可以归纳如下：

（1）跨语言变体是否有语言共性，如果有，在语际语语用学中起什么作用？

（2）语际语与目的语的近似性如何测定？

（3）母语是否影响第二语言习得？
（4）第二语言的语用习得与母语习得是否相似？
（5）儿童在语用习得方面是否优于成人？
（6）语用习得是否有自然发展的道路，或习得顺序，或具体的阶段？
（7）不同的语言输入对第二语言的语用习得是否有不同的影响？
（8）课堂教学对第二语言的语用习得的作用如何？
（9）学习动机和态度对习得水平有何影响？
（10）个性特征对第二语言语用习得的作用如何？
（11）性别对第二语言语用习得的作用如何？
（12）第二语言的语用理解是否（一定）领先于表达？
（13）形式化的言语表达在第二语言的语用习得中是否有作用？
（14）语用能力从一个阶段发展到另一个阶段的驱动力是什么？

迄今为止，动态语际语语用学的研究发现对语用能力习得起着重要作用的因素有三个。第一个因素是学生语言能力水平的高低。尽管语言水平不十分高的学生在表达其所需的言语行为时并不感到十分困难，但是要像母语使用者那样实现言语行为却十分困难。另外，如果第二语言学习者要想构造出像母语使用者一样的语篇，没有掌握相应的语言手段是不可能的。因此，在外语教学界对是否先培养语言能力再培养语用能力这一问题存在着两种观点，一种观点认为，应该先培养语言能力，然后再培养语用能力；另一种则认为，语言能力与语用能力的培养应该同时进行。

第二个因素是母语的语用迁移。研究发现第二语言使用者常常会把母语说话规则迁移到第二语言的使用中去。这种迁移在第二语言使用者认为某种特定情境中会出现的言语事件中较明显。主要在以下几个方面存在：参与言语事件的方式、特定的言语行为及其实现方式、话题的提出和展开方式以及话语的调节方式等。迁移是个非常复杂的问题，涉及的因素非常多，如在第二语言习得的不同阶段，迁移的分式就可能不一样。另外，对语用迁移的研究，尤其是正迁移的研究还较少，目前我们还不能过分强调迁移在第二语言语用习得中的重要性。

第三个因素是第二语言学习者交际时的地位。外语学习者在交际过程中总觉得自己与交际者的地位不相等，至少在与母语使用者的交际过程中是这样的。有时是因为外语学习者在母语社团的社会地位较低，有时就是因为自己是学习者而觉得地位低。正是由于这一原因，他们在交际过程中就很少有机会选择话题，也不会和别人抢话轮。这就限制了外语学习者实现言语行为的范围，减少了他们在真实语境中实现言语行为的机会，所以有的言语行为他们就很少有机会使用。尽管外语学习者在交际时的这种地位对他们语用能力和语言能力习得的影响如何还不十分清楚，但有足够的材料证明在交际中外语学习者与其交际者的地位平等对他们的语用能力的发展更有利。

另外，应该指出的是第二语言习得的语际语语用学研究到目前为止主要集中在对口头交际的研究，尤其是对言外之力的研究，而对书面语的关注较少。尽管我们对外语学习者如何习得在口语中实现像"请求""道歉""拒绝"这样的言语行为有所了解，但对他们如何习得在书面语中实现言语行为所知甚少。有研究表明在口语中实现像"请求""道歉"这样的言语行为的能力与在书面语中实现像"下定义"这样的言语行为的能力是不同的。要对非母语使用者的语际语有全面的了解，就应该对书面语也做深入的研究。

第六节 跨文化语用学研究中的问题及其发展趋势

一、跨文化语用学研究中存在的几点问题

在日常生活中，人们常常会因为同一个概念在不同文化中的所指不同或对同一个概念有不同的理解而引起误解。这种误解的原因通常有两种：一种是同一个词或术语在不同文化中所指的范围不同，另一种是不同文化对同一词或术语有不同的理解或解释倾向。如"人权"在不同的文化中的理解倾向就不一样，对美国人来说"人权"指的是"政治权"，而对中国人来说"人权"指的是"生存权"和"发展权"。再看下面两例：

（1）在法国的一家旅馆前有一则酒的广告，广告上写着：

Des plaisirs raffines a des prix incroyables!

该旅馆为英语国家的游客提供了以下译文：

Refined pleasures at an incredible price!

遗憾的是"incroyable"和"incredible"虽然语义相同，但在英、法两种语言中有不同的解释倾向，在法语中最可能的意思是"难以置信的低价格"，而在英语中指的是"难以置信的高价格"。这种情况不仅发生在不同国别的人之间，同一国家的人之间也同样可能发生。如以下示例：

（2）（A 一位中国南方人；B 一位中国北方人）

B：你中饭吃什么？

A：吃饭。

B：废话！我问你吃什么东西？

A：我不是已经告诉你吃饭了吗？

B：（不耐烦并生气地说）算了，不跟你说了。

以上交际失败的原因就是因为南、北方人对"饭"这一词的不同解释倾向。尽管无论在南方还是在北方，"饭"的所指是相同的，它既可指"米饭"，也可指"每日定时吃的食物"，但在中国南方"饭"首先被当作"米饭"来理解，而在北方它却首先被理解为"每日定时吃的食物"。

在跨文化语用学研究中也常常发生类似的事。研究人员常常忽视对"礼貌""权力"和"距离"等这些重要概念下明确的定义。威尔斯比克（Wierzbicka）注意到了这一现象，她在谈到"直接性"和"志趣相同"时指出：跨文化语用学的研究人员在设法通过像"直接性"或"间接性""志趣相同"等语用价值来解释人们不同的说话方式时，对这些概念指的是什么不做解释，好像它们都是不解自明的。但是如果我们把他们用的术语做一比较的话，就会发现他们指的并非一回事。

威尔斯比克发现跨文化研究中出现的一些互相矛盾的结论，例如，在研究日本社会文化的材料中，日本人的说话方式被认为比英语文化的人更间接，日本文化中说话避免或压制"自信"，而高度的自信是英语文化说话方式的特点。在研究黑人英语的社会文化的材料中，白人英语的说话方式被描述为"间接"而非"直接"，说话时避免"自信"等。经过研究，她发现这些相互不一致的结论并非是黑人英语中的说话方式比白人英语直接，白人英语的说话方式比日语直接等这样一个程度问题，而是一个质的问题。其原因是像"自信"这样的概念在日语文化研究与英语文化研究中的所指不同，不同的研究人员指的是不同的概念。但这些术语在很大程度上是以英语文化为基础的，在其他语言中未必有与之完全对应的术语。

尽管有的研究者对这些术语做了解释，但他们的解释仍使读者迷惑不解，如以下对权力的定义："权力指的是在一定的角色关系中说话者对听话者的权力。因此，当司机对乘客说话时，权力就高，而司机与司机说话时权力就相等。"这一定义之所以令人迷惑，原因有二：其一，它没有说明权力究竟指的是什么，是指支配权，还是指地位，还是两者都包括；其二，它用说话者高于听话者来解释权力，当司机对乘客说话时就是高权利情境，而当他对别的司机说话时就是权力相等情境，那么，乘客对司机说话时是否就意味着低权利情境呢？如果是这样，那么，就难以理解了，因为布朗和莱文森把高权力情境定义为听话者权力高于说话者的情境。

与之相关的另一个问题是同一概念用许多不同的术语来表达，如："权力""社会权力""地位""控制"和"权威"都用来指"平等—不平等"这同一个概念；而"距离""社会距离""志趣相同""亲近""相对亲密"

都用来指说话双方关系"亲疏"这一概念。

除了以上问题外,要使跨文化语用学研究既有效度又有信度,首先要考虑的就是跨文化的可比性,也就是说,某一语用现象在两种文化中有多大的可比性。要对两种文化中的某一现象进行对比,这两种文化必须要有共性,而对比必须要有参照点,没有这些前提要进行对比是不可能的。许多研究人员想当然地认为不同文化背景的人,尤其是在做语际语语用学调查时的调查对象,对相同或相似语境中的语境因素的解释是相同的。但事实上并非如此。因此,如果是进行信用调查,首先要弄清受调查者对一些情境因素的看法是否一致。只有在对这些情境因素的解释基本一致的情况下,研究结果才可信。影响人们选择语言形式的因素很多,包括话题、语境、会话双方的关系等。

要对不同文化中的同一言语行为进行比较,往往将类似以上的"话语完型"直接翻译成不同的语言,以便收到可比的效果。这种跨文化对比常常建立在这样的基础上,即同一情境的描述翻译成不同的语言后保持不变。其假设是不同文化背景的人对同一语境的看法基本相同。因此,大多跨文化言语行为研究的重点都放在言语行为的语言形式本身,而很少有人注意到这些引发言语行为的情境在不同文化中的差异。

二、跨文化语用学研究的趋势

大多早期跨文化语用学研究,尤其是实证研究的重点都是在不同语境中言语行为的实现上。其目的主要有三个:①找出不同文化的人在不同语境中实现言语行为的常规方法;②与这些常规方法有关的礼貌形式及级别;③与情境特征有关的言语行为实现模式的变化。大多研究都是在话语层次上进行的,语料的收集也大多采用像"话语完型"这样的引发法。这些研究的主要问题是它们忽略了交际的动态性、意义的可磋商性和言语行为的多功能性。在现实生活中,某一言语行为可能同时涉及多种功能,其言外之力会随情境的不同而发生变化。言语行为还常常在交际的不同阶段起不同的作用,对言语行为的解释也会因言语事件的不同而变化。

研究者现已认识到要从相互作用的角度来研究礼貌、言语行为等这些语用现象。也有人把言语行为看作言语交际或言语事件的一部分。因此,近年来跨文化语用研究出现了以下趋势:

(1)从对单个的话语的研究转向对会话整体的研究;更加注重对话语的多功能性和语境中的话语目的的解释;从相互作用的角度来研究礼貌、言语行为等这些语用现象。

(2)对礼貌现象的实证研究也已从言语行为的实现和孤立话语的礼貌级

别的研究转向在话语群中用于表达言语行为的结构、语义和语用方法的概述；转向不同文化中会话情境的框架以及话语的组织对礼貌行为影响的研究。

（3）语际语语用学研究的趋势与上述趋势大同小异。除此之外，语际语语用学研究似乎已开始注意语际语的语用特征的形成和发展问题。

另外，根据以上趋势，跨文化语用学的研究方法也有做相应改变的趋势。首先，语料更倾向于用自然语境中的话语来代替用引发法收集的语料。其次，尽管在第二语言习得方面的研究有采用定量研究方法的趋势，然而，在语用研究中情况并非如此，语用现象要比词汇、句法现象要难预测得多。因此，它既无法用严格的规则或条件来解释，也无法依靠严格的假设来解释，语用研究的趋势似乎更倾向于定性研究，倾向于使用更广泛的话语分析成人类文化学的方法。但这并不意味着定量研究在语用研究中就毫无用处。事实上，要使定性研究更有效，定量研究的方法常常是需要的。应该注意的是定性研究中使用定量方法能给研究的现象提供基本的信息。这种信息既可用作背景也可作为一种参照，但它必须要对研究的现象进行定量分析。近年来，定性和定量研究的界限日趋模糊，但是，正如笔者所说的：研究者应该采用能够收集到他们所需信息的方法。

第三章 跨文化视野中的"语境三分"及三分类语境的语用特征

第一节 "语境三分"假说

语言的使用,总是在一定的环境下进行的。这样的环境,就是语境。语言的表达和理解依赖于语境。不同的语境,对语言的使用产生制约作用,决定语言形式,导致特定的语义。

长期以来,人们对语境有着多方面的研究和多种描述,如马林诺夫斯基(Malinowski)、弗斯(Firth)、韩礼德等人执功能语义角度的阐释;斯塔尔内克(Stalnaker)、莱文森、利奇等人从普通语用学角度的论述;海姆斯(Hymes)、莱昂斯(Lyons)、道尼斯(Downes)等人从社会语言交流角度的概括等。这些研究从不同角度提供了关于语境的一般定义、基本概念、影响因素、相关知识等,为语境研究奠定了基础。

然而,对语境的研究仍有进一步探索的空间和余地。这主要表现在,"传统的'语境'概念几乎是个包罗万象的范畴";语境因素的一般罗列和描述,过于宽泛,且较少涉及在语言使用中如何具体操作的问题;"不能有效地起到解释并且指导交际的作用"。特别是迄今的语境研究大多还局限于一般的、普通的语境,而国际交流中使用语言的环境问题,即国际交流语境的专门、系统研究尚不多见。与此同时,国际交流语言使用研究中许多涉及语境的问题也有待于理论阐述和具体解决。

例如下面这些情形,在国际交往中司空见惯:

来华休假旅游的某外宾,不单单到一些地方旅行游玩、休闲娱乐,与普通百姓接触交谈,还应邀到某高校讲学访问;甚至还与对方商谈合作共事、交涉购销产品事宜。

出席国际专业会议的某学者,不单单在会上宣读论文、讨论问题,与专业同行进行切磋交流,还在会下参加各种社交聚会、交友联谊,甚至还与国外同行商洽合作研究、技术保密、成果分享事宜。

国际商务谈判的各方代表,不单单在谈判桌前唇枪舌剑、攻心斗智,与谈判对手交涉斡旋；还在谈判之余频频聚会社交、举杯共饮；甚至还有业务交流、专业研讨，如此等等。

然而，休闲游玩、聚会社交的一般交往与展示成果、宣读论文的专业交流在使用语言方面有哪些区别特征？展示成果、宣读论文的专业交流与攻心斗智、据理力争的谈判交涉在语码选择方面有哪些不同的特点？这些"区别"和"不同"之间又是一种什么关系？

人们在国际交流中往往需要采用不同的语言策略、处理不同的交流失误，策略的运用有哪些特征和规律？失误的处理有哪些原则和策略？而策略的运用和失误的处理与国际交流的语境又是一种什么关系？

上述国际交往中司空见惯的情形与种种问题，都涉及国际交流语言使用的语境问题。

纵观国际交流的不同形式、内容、方式、手段，考察国际交流各个方面、各个环节、各种因素，不难发现，要想释疑解惑，有效地解决语言使用问题，从根本上说，一个不能回避的关键就涉及语境的范畴化（categorization）问题。

针对国际交流语境研究的空缺和语言使用研究中需要解决的许多问题，本章拟对国际交流语境问题给予探讨：首先提出"语境三分"假说，然后对该假说进行定性地、定量地和实践性地验证，最后讨论与"语境三分"相关的几个问题。

一、"语境三分"假说的提出

如上所说，要想释疑解惑，有效地解决国际交流中的语言使用问题，一个不能回避的关键就涉及其语境的范畴化问题。

为此，在现有研究和现存问题的基础上，有学者提出了国际交流"语境三分"假说：国际交流从语言使用的角度大体上可以划分为日常交际、专业交流、谈判交涉三种语境类型。三类语境是客观存在的。三种语境类型不同，其语言使用特点不同；交流语境的正式程度、语言策略的运用频度、语用失误的后果影响等方面与三分类语境之间存在着一种"梯度"关系，即以日常交际、专业交流和谈判交涉三类语境为序，语境正式程度逐级增高，策略运用频度逐级增多，失误后果影响逐级增大。

笔者相信，如果该"语境三分"假说成立，它将能有效地解释国际交流的语用现象、具体地指导国际交流的语用实践，从而使与国际交流的语境和语用相关的许多问题都可以得到解释或解决。

二、"语境三分"假说的验证

对假说的验证,主要采用了定性、定量和实践解释三种方法,即定性验证、定量验证和实践验证三种方法。

(一)定性验证

定性的方法"强调全面的观点,使用归纳和综合的方法,对语言系统和语言结构的不同部分、不同因素、不同层面进行描写、比较和分析,从而找出共同性和规律性,甚至建立形式"。至于"语境三分"假说的定性验证,则主要是通过文献引证和观察概括进行的。

判断和确定语境分类的标准之一,是判断和确定某一语境的相关因素。之所以在日常交际、专业交流和谈判交涉三类语境的相关因素中选择了交流的意图、话题、情境、参与者(角色)、媒介作为判断和确定语境的影响因子(impact factors)有两个方面的原因。

一方面,因为这些影响因子是多数语言学家的研究结果,是公认的构成语境的要素。例如,弗斯曾指出:"语境包括语言活动的参与者,参与者的行为(言语行为和非言语行为),语言活动的其他有关特征,以及言语行为的效果。"韩礼德把语境因素分为语场、语旨、语式。海姆斯(D. Hymes)把语境分为8个大类:行为的情境、参与者、目的、行为的顺序、声调(方式或情绪)、媒介、规范以及语类。莱文森提出:"语境可以理解为包括参与者、言语活动的时间、地点因素,以及参与者的信仰、知识和意图等"。莱昂斯(J. Lyons)的语境知识系统包括:角色与地位、时间地点、正式程度、媒体、主题、领域的知识等。杜兰特和古德维因(J. Duranti & C. Goodwin)等人则提出从话语特征、场景、行为环境、即时场外知识等方面构造语境。

另一方面,因为上述相关的语境因素又被赋予了相对宽泛的含义,从而拥有较大的容量:

· 意图:包括交流的目的、交流的性质、参与者的利益所在。
· 话题:包括交谈的主题、知识范围、涉及的领域。
· 参与者(角色):包括交流各方的人际关系、社会地位、跨文化背景、行为规范。
· 情境:包括交流的时间、地点、场合、环境、条件。
· 媒介:包括交流者语言使用的形式、语体,以及媒介的有关知识等。

根据上述语境因素及其内涵,笔者在近年来观察研究的基础上,将国际交流语境从语言使用的角度大体上可以划分为日常交际、专业交流和谈判交涉三类,并对这三类语境的典型的区别特征做了如下概括:

1. 日常交际（Daily Communication）

交际的意图：相互沟通、交友联谊。交际的话题：日常事务、一般交往。交际的参与者（角色）：跨文化的"日常"交流者。交际的情境：衣食住行、聚会社交。交际的媒介：口语体、非正式，一般不会产生正式的文字结果。

需要强调的是，交流的意图在诸项语境因素中居于首位，它是"分类语境"区别的关键因素。这一点在"专业交流"和"谈判交涉"的分类语境中仍是如此。

2. 专业交流（Professional Exchange）

交流的意图：展示成果、探讨学术、解惑释疑。交流的话题：专业、学术、业务。交流的参与者（角色）：跨文化的"专业"交流者。交流的情境：参加会议、发表论文、讲学授课、业务交往。交流的媒介：口语体、笔语体，一般会产生文字结果，如论文、著作等。

3. 谈判交涉（Diplomatic Negotiation）

交涉的意图：维护利益、据理力争、达成协议。交涉的话题：政治关系、经济利益、信息得失。交涉的参与者（角色）：跨文化的"谈判"交流者。交涉的情境：处理分歧、解决争议、慎言思辨。交涉的媒介：口语体、笔语体，一般会产生文字结果，如合同、协议及其他法律性文件等。

不同类型的语境，对语言的使用产生不同的影响，形成不同的语体、语用特点。分析和归纳多方面的研究，表明日常交际、专业交流、谈判交涉三类语境在语言使用方面既有共同点、相互渗透，又具有各自的特点。

（1）日常交际的语言特点主要表现在：人际间的交流方式、日常性的话题内容、口语化的语体表达、及时性的沟通反馈。

（2）专业交流的语言特点主要表现在：语体上口语与书面语结合、语气上论证与商榷交织、语式上宣讲与演示互补、语词上行话与术语贯通。

（3）谈判交涉的语言特点主要表现在：交涉注重攻心斗智、言语讲求策略技巧、措辞突出准确规范、行文强调合理合法。

进一步的研究显示，交流策略运用的频度和交流失误影响的程度与语境的正式程度有关。这种关系表现在：交流语境越正式，策略的运用越频繁，交流失误的影响越严重，反之亦然。

三类语境在交流意图、话题、参与者（角色）、情境和媒介等语境因素上的不同，以及语境正式程度、语言使用特点、策略运用频度、交流失误后果等方面的典型区别，表明了日常交际、专业交流、谈判交涉三类语境的客观存在，即"语境三分"的基本架构是有根据的。

(二)定量验证

假说的验证不仅需要文献引证和观察概括,而且更需要调查数据和实验结果。国际交流"语境三分"假说的定量验证具体采用问卷调查和转向实验两种方法进行。

1. 问卷调查

为了检验中外交流者对国际交流"语境三分"基本概念和术语的理解以及对不同分类语境基本特征的判断,笔者设计了一份《国际交流"语言使用"调查表》,除了解受试者的基本情况外,重点调查他们对交流情境的识别和对语境正式程度、策略运用频度、交流失误后果等评判的反馈意见。

为了保证调查取样的代表性和典型性(即效度和信度),我们将180份调查表先后分别发给三类受试者:"外方"受试者(42人,全部为外国人)、"中方"受试者(50人,全部为中国内地人)和"混合"受试者(88人,大多数为中国香港人和其他境外华人)。"外方"受试者调查分两次进行,一次是在1997年12月15—17日联合国开发计划署来北京专家组评价与"中央编制办"的合作项目时进行的,这些专家来自美国、英国、丹麦、瑞士、日本、澳大利亚以及中国香港地区等。另一次是1998年7月19—24日在法国兰斯召开"第六届国际语用学大会"期间进行的,受试对象主要是西方学者。"中方"受试的对象主要是2000年前后清华大学的部分院士和留学归国人员。"混合"受试对象是2000年之前来清华大学参加"当代中国研讨班"的香港中外籍工商界高级主管(问卷分析时,中外籍人士按国别分别统计)。由于受试者的合作,180份问卷中收回172份,回收率高达95.6%。

2. 专项实验

为了进一步考察国际交流者对调查表中所列项目的反馈,我们又做了两个实验项目:

(1)在问卷上设计了专题问答,向三组不同国籍的受试者下发以下问题:"What's the unit price of this piece of A4 white paper?"(这张A4白纸的单价是多少?)这是一个一般性的问题,请受试者分别在"日常交际""专业交流"和"谈判交涉"三种不同类型语境下回答问题。该项实验的目的在于测试人们在不同类型语境里使用语言的区别,以及语境与语言使用之间的关系。

(2)选择两个分别由15位中外人士参加的讲习班,在一个班里事先介绍了"语境三分"的术语及其基本含义;而在另一个班里则未做介绍,然后同时请两个班的受试者共同"完成句子":据我理解,"日常交际""专业交流"和"谈判交涉"分别是指什么?

该项实验的目的,一方面是测试人们对三类语境的理解,另一方面是求证事先介绍情况与否对受试者理解的影响。

3. 结果与分析

对各项调查、检测的结果分析如下。

(1) 关于对所列情境的识别。

在调查表中,我们请受试者识别三个不同的使用语言的情境。

在该表所列情境的识别一项中,对于情境一,172位受试者全部选择了B,占100%,即一致识别为"日常交际";对于情境二,170位选择了C,即98.84%的受试者识别为"专业交流";对于情境三,166位选择了C,即96.52%的受试者识别为"谈判交涉"。该项结果表明,三种情境的典型特征是可以被人们所区别和识别的。这就为对"语境三分"基本概念的理解奠定了基础。

(2) 关于语境的正式程度。

在语境正式程度一项中,认为"日常交际"类语境"不太正式——一般"者占100%,认为"一般—较正式"和"较正式—最正式"者均为零;认为"专业交流"类语境"一般—较正式"者占87.1%,认为"不太正式——一般"和"较正式—最正式"者分别占6%和6.9%;认为"谈判交涉"类语境"较正式—最正式"者占82%,认为"不太正式——一般"和"一般—较正式"者分别占6.4%和11.6%。该项结果表明,相比较而言,一般认为"日常交际"类语境"不太正式——一般","专业交流"类语境"一般—较正式","谈判交涉"类语境"较正式—最正式"。换句话说,语境的正式程度依日常交际、专业交流和谈判交涉三类语境为序逐级递增。由此也表明:三类语境中的语境正式程度依次呈非线性的"梯度"变化的特征。

(3) 关于策略运用频度。

在策略运用频度一项中,认为"日常交际"类语境里策略的运用"不太经常——一般"者占74.3%,认为"一般—较经常"和"较经常—最经常"者分别占19%和6.7%;认为"专业交流"类语境里策略的运用"一般—较经常"者占55.5%,认为"不太经常——一般"和"较经常—最经常"者分别占25%和19.5%;认为"谈判交涉"语境里策略的运用"较经常—最经常"者占80.7%,认为"不太经常——一般"和"一般—较经常"者分别占6.2%和13.1%。该项结果表明,相比较而言,一般认为"日常交际"类语境里策略的运用"不太经常——一般","专业交流"类语境里"一般—较经常","谈判交涉"类语境里"较经常—最经常"。换句话说,策略运用的频度依日常交际、专业交流和谈判交涉三类语境为序逐级递增。

（4）关于交流失误后果。

在交流失误后果一项中,认为"日常交际"类语境里交流失误后果"不太严重——一般"者占78.4%,认为"一般——较严重"和"较严重——最严重"者分别占16%和5.6%;认为"专业交流"类语境里交流失误后果"一般——较严重"者占60.9%,认为"不太严重——一般"和"较严重——最严重"者分别占13.7%和25.4%;认为"谈判交涉"类语境里交流失误后果"较严重——最严重"者占70.2%,认为"不太严重——一般"和"一般——较严重"者分别占9.7%和20.1%。该项结果表明,相比较而言,一般认为"日常交际"类语境里交流失误后果"不太严重——一般","专业交流"类语境里交流失误后果"一般——较严重",而"谈判交涉"类语境里交流失误后果"较严重——最严重"。换句话说,交流失误后果以日常交际、专业交流、谈判交涉三类语境为序逐级递增。由此也表明,交流失误后果的严重程度与语境的正式程度和对语言表达的慎重程度依三类语境为序逐级递增。交流失误后果的严重程度的区别,可以说是判定三分类语境的一个重要依据。

（5）关于专题问答。

分析在三种不同类型语境中回答两个相同问题的答案,可以得到多方面的印证:

在词汇方面,"日常交际"类语境里用词一般较为简单、随便;"专业交流"中的专业术语增多;而"谈判交涉"中用词则较正式。

在句子结构方面,"日常交际"类语境里句子一般较短,省略句较多;专业交流中书面句式相对增多;而"谈判交涉"中则多用较长、较复杂的句子。

在语篇方面,"日常交际"类语境里的语篇一般比较短小,直截了当;"专业交流"类的语篇相对加长,语体也愈加正式;而"谈判交涉"类语篇大都较长,表述也较系统、全面,思考的因素（如法律、利弊、责任因素等）明显增多,语言表达的慎重程度和复杂程度相对增大,等等。该项结果表明,三分类语境在语言形式上,即在词汇、句子结构、语篇等方面所体现的特点和规律,与前述关于语境正式程度、策略运用频度和交流失误后果相互关系的发现是一致的,即三类语境与其语言使用之间存在着一种"梯度"关系。

我们的问答实验话题有限,相信再增加一些问答话题,其结果也会类似。

（6）关于"语境三分"概念的理解。

在172份反馈的问卷调查中,只有19份在"专题答问"栏的"谈判交涉"一项中写了"I don't know（我不知道）"或"as above（同上）"（即同"专业交流"——笔者）的字样。如果将此种情况理解为是因受试者不太理解"谈判交涉"术语的含义造成的（当然，不一定如此），那么，这种情况也仅占全部受试者的11%。换句话说，有89%的受试者能够理解"语境三分"——日常交际、专业交流和谈判交涉的术语和概念。这种情况显示：教育程度较高、英语水平较高、不同国籍的、经常参加国际交流活动的普通人，基本上能根据一般常识来理解"语境三分"的术语含义，这与假说中关于"日常交际""专业交流"和"谈判交涉"的基本概念也是一致的。

在第二个实验项目中，15位事先听过介绍"语境三分"术语概念的受试者与另外15位未听过介绍的受试者"完成句子"的理解在大体上也是相似的。该项实验表明，受试者对"语境三分"术语和概念的理解受"事先介绍"的影响并不大，基本上还是普通人凭对常识的一般理解。该项结果也意味着"语境三分"假说中使用的术语和概念是可以被普通的国际交流者所理解的，这就为该假说进一步为人们所接受提供了前提。

上述调查和实验的结果，为"语境三分"假说的成立提供了有说服力的佐证。

（三）实践验证

所谓实践验证，即运用"语境三分"假说，去解释国际交流中语言使用的现象。

例如，某国际学术会议在紧张严肃的论文宣读之后，主持人宣布："Ladies and Gentlemen, now let's have a coffee-break for 25 minutes."

"紧张严肃的论文宣读"无疑可以看作"专业交流"类语境。而会间休息时，人们会到大厅里或会场外边喝咖啡边交谈，紧张严肃的气氛会变得轻松，交谈的话题会比较一般，言语表达也会比较随意、随便；从交流的意图来看，此刻也正是与会者相互交友联谊的好时机。从这些语境因素来判断，此时的主要语境因素比较符合"日常交际"类语境的典型特征，因此，交流者可以被解释为进入了"日常交际"类语境。

但在上述"日常交际"类语境里，如果交流者谈得融洽，话题会很快转换到刚才在会场里的论文内容和提问答辩的要点；交流者在口头交谈的同时，还会放下手里的杯子，拿出书面论文或附件边展示边阐述。这种交流意图（传播信息、解惑释疑）、交谈话题（论文及答辩问题）以及交流方式（讲述与演示结合）等语境因素的变化，表明此时的主要语境因素更符合"专业交流"类语境的典型特征，因此，交流者此刻可以被解释为进入了"专业交流"类语境。

同样地，如果交流者谈得投机，话题从一般的专业交流进而转向商讨双方合作研究，涉及支付互访费用、研究成果分享、联合开发新产品的投资与分成，以及牵涉合同、协议等法律文件签订等问题的时候，显然，此时的主要语境因素更符合"谈判交涉"类语境的典型特征，因此，交流者此刻又可以被解释为进入了"谈判交涉"类语境。

以上事例说明"语境三分"假说是能够解释国际交流语言使用的实际的。此外，为了证实交流者在不同的交流场合下，能够下意识地觉察到语境类型的变化而自然地调整语言风格，笔者曾采集和分析了英国诺丁汉大学语言文学系麦克雷（John McRae）教授1998年1月19—21日在清华大学讲学访问期间的部分交流过程的语料（主要涉及机场迎接、客舍探望等生活接待，专题讲座、座谈讨论等学术交流，资助赴英留学、共同编写教材等合作洽谈等）。语料分析表明，该教授在不同的交流场合下语言使用的特点和风格的变化与假说的内容基本上是一致的，这也从实践方面进一步表明了三分类语境的客观性和"语境三分"假说的解释力。

综合上述各项验证可见，国际交流"语境三分"假说是能够成立的。

三、"语境三分"的理论支持

众所周知，语境涉及的变量（variable）很多，是一个相当复杂的问题。在传统的语境研究的基础上的任何探索和进步，都需要理论上、认识上和实践上不断地审视和检验。

"语境三分"假说的理论支持，至少来自以下三个方面。

（一）图式论

所谓图式，"是以往的事件或经验的功能性编组，这种编组总能在任何有机的、相适应的交际应答中起作用"。人们在交往过程中积累了大量的具体的经验和实例，而图式就是"把事件和情境中的重要特征给予概括和抽象"。不同的图式是一些具有"显性表征的知识包，或表示在生活中所遇到的（或所期待的）模式，或表示推理者要实施的行为模式"。图式理论（Schema Theory）的一个最重要的论点就是：图式由许多相似的事件或相似的信息形成；而一旦某种图式形成，交际信息的处理便倾向于通过该图式进行。这一处理过程是"自上而下的"（top-down）或"图式驱动的"（schema-driven）。研究表明，"人们倾向于多使用'图式驱动'处理方法而少使用'数据驱动'（data-driven）处理方法"。这是"因为'图式驱动'处理方法比'数据驱动'处理方法耗时少、费力小"。由于"人类总是力图在以往形成的经验或概念的基础上实施对事件的预测和控制",因此,图式理论对于国际交流语言使用特征、原则、规律的概括和探讨,特别是对于"语境三分"说的形成,有着重要的理论指导意义。

(二)类典型论

拉考夫认为典型性普遍存在于语言范畴之中,对范畴认识的变化必将带来语言研究走向的变化。类典型论(Prototype Theory)承认范畴化和模糊现象的存在,强调范畴的成员并非齐整如一。作为人类认知的重要组成部分,范畴化是在感知的基础上完成的,是一种从无序到有序的转化过程。"语境三分"假说将"一个几乎没有边界的概念"——语境——在国际交流的层面上划分为日常交际、专业交流和谈判交涉三个语境范畴,可以说是把类典型理论的基本原理扩展到了国际交流语用学研究领域,从而使国际交流语境"不再被当作一个囫囵的整体,而被视为是可以分解的集合",并使国际交流语境研究完成了"将混杂的世界转化为有序信息的过程"。

(三)活动类型论

言语"活动类型"的现象早就受到了语言学界的关注,如莫里斯称不同的专业化语言为不同的"话语类型"(types of discourse)。韩礼德视语言为一种具有一定"模式的活动"(patterned activity)。莱文森也提出了"活动类型"(activity types)的问题。他参照维特根斯坦的语言游戏论指出,语言交际的推理受不同活动类型的制约。正是这些不同类型的活动,告诉人们在有关活动中应该求得什么。福勒(Fowler)等人还提出了"语言模式原则"(principles of language-patterning)。范·岱克(van Dijk)在谈到话语标志时也提出了话语类型的"范畴"(categories)问题。心理学家罗米特威特(Rommetveit)也曾指出,人们对语篇的理解是受制于语言游戏类型的。人们对语篇的解释在很大程度上取决于对语篇类型的判定。

由此观之,图式理论、类典型理论以及活动类型理论等,对于语境分类和分类语境的基本特征等语境范畴化问题,都在一定程度上从不同的视角给予了理论支持。

四、"语境三分"的基本特征

国际交流三分类语境具有梯度性、可转换性、模块化,以及交互性等基本特征。

（一）梯度性

国际交流以日常交际、专业交流和谈判交涉三类语境为序，其语境正式程度、策略运用频度、交流失误后果等呈逐级递增的关系，即该三分类语境具有梯度性的特征。作为三分类语境最基本的特征之一，梯度性与分类语境中的语言使用（包括言语信息的编码和解码）密切相关。当然，这种主机递进的梯度关系也不是线性（linear）的，而是非线性（nonlinear）的，即表示一种关系变化的"趋向性"。

（二）可转化性

由于语境的类型是由语境因素决定的，而这些语境因素在具体交流活动中又总是不断地发生着变化，因此，日常交际、专业交流和谈判交涉三类语境实际上是一个动态过程（dynamic process），是三类语境往复循环的、动态转换的语用系统。这表明该三分类语境具有可转换性的特征。

（三）模块化

从认知角度来看，人脑由一个中心系统（central system）和各司其职的模块（module）构成。各个不同的模块根据其不同的自身特点吸收不同类的外界刺激信号，然后把这些信息输入中心系统，变成"心理表征"由中心系统进行处理。依据这种理论，三分类语境便是三个内在化的、图式化的模块结构，每个模块里包含该类语境的典型特征和语用原则，也就是"事先包装好了的组合体""语言块"和"认知块"。在具体的语言交际中，只要某一语境类型模块被外界刺激信号激活，该类语境的典型特征和语用原则便开始运作。

（四）交互性

三类语境在跨界、边缘处的交叉重叠在所难免，如同任何其他事物一样，它属于"类边缘"的"非典型成员"，而"范畴的边缘是模糊的"。换句话说，每一类语境都可以有"典型—不那么典型—非典型—过渡—边缘"的情形。这种情形恰恰表明三分类语境之间既彼此独立，又相互联系，体现了"语境三分"说的另一特征——交互性。

五、其他讨论

（一）关于为什么要"三分类"

之所以将国际交流语境大体上划分为三种类型，是因为：其一，从语言使用角度分为三类语境，反映了国际交流活动的客观实际，也可以说是适应了国际交流语言使用的要求。这一点已经由前文进行了论述和验证。其二，语境"三分"比较科学。如果"两分"，则容易形成"非黑即白"的绝对和极端，这与国际交流的语用实际不相符。"语言普遍现象一般不是非黑即白的现象，它们大都表现为一种趋向性的状态，两极之间可有许多渐变的阶段"。"语用现象不是一个非此即彼的两极对立现象"。"二元划分法排斥中间状态"；二元划分法"不能全面反映客观实际"。但如果是"一分"，实际上就是"不分"，显然又失之笼统，使语境继续成为"一个几乎没有边界的概念"，这样等于原地踏步。从这个意义上讲，还是"三分"比较客观、比较科学。其三，"三点定面"，覆盖面大，整体架构具有稳定性，能够支撑和囊括国际交流语的使用实践和语用研究的整体。著名人类学家、跨文化交流学家霍尔（E. Hall）在其开山之作《无声语言》（*The Silent Language*）中就曾将人类活动分为"正式""非正式"和"技术性"三大类。著名语言教育专家皮特罗（R.J. Pietro）在其《策略角色互动》（*Strategic Interaction*）一书中也将语言划分为信息交换（Information exchange）、交涉交易（Transaction）和角色互动（Interaction）三种类型。

此外，还有一个理由，那就是对于国际交流语境下的语言使用来说，目前尚未见到更客观、更科学的范畴化研究。

（二）关于"分类语境"与"场合/情境"的区别

"分类语境"是语言使用环境的类别（category）或范式（paradigm），是某一类语境因素的集合，它指的不是某一个具体的场合/情境。由于三分类语境具有可转换性的特征，不同类型的语境是动态转换的，因此，在某一特定形式的国际交流（如国际学术会议）场合下，其分类语境既可以是"专业交流"，也可以是"日常交际"，还可以是"谈判交涉"。即在同一"场合/情境"之下，依据分类语境的典型区别特征，三个不同类别的语境可以动态地相互转换。

（三）关于三类语境的称谓

为了区别三类语境的称谓，在"日常交际"类语境里，笔者使用了"交际"（communication），以表明一般交往、交际的典型特征；在"专业交流"类语境里，笔者使用了"交流"（exchange），以强调信息交换、专业研讨的典型特征；而在"谈判交涉"类语境里，笔者使用了"交涉"（negotiation），以突出据理力争、慎言善辩的典型特征。

值得说明的是，"谈判交涉"英译为"diplomatic negotiation"，这主要考虑到：一方面，这里提出的"语境三分"说是以国际交流为背景的，因此这里的"交涉"无疑是指"跨文化的""外交的""涉外的"；另一方面，"diplomatic"一词还兼有"策略的""圆滑的""有交际手腕的"等类似的含义，有利于突出"谈判交涉"是一类正式程度较高、语言活动较复杂的涉外交往语境。

从哲学角度考虑，国际交流语用学研究是对国际交流经验和信息处理过程的描述、构建和解释，其核心是"语境"。"语境三分"说的提出是对国际交流现实的反映，国际交流语用学研究也以交流的实践经验为素材，因此它是以反映国际交流的语用实际为前提的。

当然，国际交流"语境三分"假说的提出和证实，对于从新的角度拓宽语境研究的领域，对于使语境研究具体化和提高可操作性来说，只是一项探索。而对于国际交流语用学的具体研究来说，"语境三分"研究也仅是其第一步的工作。在"语境三分"说建立之后，分类语境会对言语的表达和理解产生什么样的具体影响和作用？三分类语境与语言使用之间怎样实现"互动共变"？"语境三分"说对国际交流中语言使用的现象和与语境相关的许多问题（如交流策略运用和语用失误处理等）可以提供哪些新的解释或处理原则？所有这些，都有待于后续探讨。

第二节 三分类语境的语用特征

前面一节中，我们讨论了国际交流从语言使用的角度可以粗略地分为日常交际、专业交流、谈判交涉三类语境。既然国际交流可以从语言使用上分为三大类语境，而语境类型不同，其语言使用的特征也肯定会有所不同，那么，国际交流的三类语境有哪些具体的语境特征呢？三分类语境下的语言使用又有哪些相应的语用特征呢？这些不同类型的语境以及不同类型语境下的语言使用之间又是一种什么样的关系呢？所有这些问题构成了本节探讨的重点。可以看出，明确三分类语境的典型的区别特征，将会进一步加深我们对国际交流三分类语境的认识。

一、日常交际类语境及其语用特征

所谓日常交际，顾名思义，即指以相互沟通、彼此理解、解决问题、交友联谊等为目的的人际交往活动。日常交际是最广泛、最普遍的人与人之间的交往（interpersonal communication）。日常交际的场合或活动各式各样，但基本上不外乎诸如日常交谈、一般联系、普通交往、聚会社交，以及旅游参观、购物应酬、餐饮娱乐、迎来送往等。

日常交际的语言特点可以概括为：①面对面的交际方式（这样会显得更直接、更亲切、更有人情味，交际效果也会更好一些）；②日常性的话题内容（如果话题太专业、太严肃、太认真，那便是其他类型语境下的交流了）；③口语化的语体表达（如较随便、不一定完整、较简短、辅以肢体语言等）；④及时性的沟通反馈（如交际效果能及时感知和显现）等。就其语言使用的难度、语用失误的影响和语境正式的程度而言，由于这类交际的特征显得"一般"和"普通"，相比较而言，一般地说，难度要低一些，失误要小一些，尽管其难度与失误大小不能一概而论。

日常交际因其广泛性与普遍性而受重视与关注。正是因为关于日常交际的语言研究已经十分流行，国际交流语用学也就没有再把这种一般意义上的"交际"作为自己的研究重点。

现仅以在国际组织中工作的日常语言交际为例，说明在日常交际类语境下的若干语用特征。研究表明，国际组织工作的基本特点是：①较长时期的合作共事；②较多渠道的跨文化沟通；③较方便快捷的信息获取；④较广泛的外语（主要是英语）应用等。国际组织工作的这些基本特点，决定了在日常工作中的语言使用的基本特征。

二、专业交流类语境及其语用特征

所谓专业交流，亦称学术交流，是指以传播信息、展示成果、授业解惑、阐明事理等为目的的深入到专业领域里的各种"软件"和"硬件"的交换。这也是为什么我们把这种"无形的"和"有形的"专业性/学术性交流称之为"exchange"而非一般的"交际"的原因。

具有专业性质或学术性质的交流场合和活动，通常包括诸如召开各种国际学术会议，写作、发表或宣读各种专业学术论文，开展专业领域里的合作研究与开发，交换各种科研文献资料，从事讲学授课，组织专题讨论，举办演讲答辩，参与申报论证，以及发布信息、评展成果、申请国际资助等。专业交流的对象是专业人员、专家、"知情人"，至少是有一技之长者；他们交流的内容并非众所周知。

专业交流的语言特点表现在：①语体上口语与书面语结合；②语气上论证与商榷交织；③语式上宣讲与演示互补；④语词上行话与术语贯通。由于这种交流的专业性很强，其语言使用的难度、语用失误的影响和语境正式的程度，与日常交际相比，难度要高一些，失误要大一些，尽管其难易程度和失误大小不是一成不变的。

这类交流的专业性强的特点，使得关于专业交流的语用研究远不如日常交际那样流行。就整体而言，尽管专业交流一直是国际间交流合作的主体和主旨，但对专业交流及其语用研究却是一个相对薄弱的环节，某些方面（如系统的答辩策略和保密回避的语用研究等）甚至尚有空缺。正是因为这些"薄弱"和"空缺"，以及尚未受到人们足够的重视和关注，国际交流语用学从一开始就把专业交流作为自己的研究重点。

作为国际交流语用学研究的第二个重要语境类型，具有代表性的国际学术会议被选作探讨该语境类型语言使用研究的载体，分别对写作论文、朗读文稿、会前预讲、宣读论文、答辩讨论、会下交谈等一系列专业交流活动中的语言使用问题给予探讨。

现仅以国际学术会议的语用特征为例，说明"专业交流"类语境下的语言使用特征。

国际学术会议集学术思想、专业人才、学科信息、研究成果等不同形式交流于一体，融语言的听、说、读、写、译等多项技能于一室，既是国际间一种高水平、高层次的智力活动，又是高度综合、高度集中的语用场所。由于以"传播信息、展示成果、授业解惑、阐明事理"等为目的的国际会议具有专业水平高、信息密度大、交流活动集中等特点，这些特点不仅对国际会议语言技能提出了与之相适应的要求，而且也必然会形成能够体现国际会议"专业交流"的语用特征。

①口语与书面语结合（国际学术会议语用最显著的特征之一，就是口语与书面语相互结合，或文字与口头相互交融）；②宣讲与演示互补（宣读学术论文是国际学术会议中最重要的一项交流活动。这种论文"宣读"，一般来说，并不是照本宣科式地去"读"或"念"专业论文，即不是去"read papers"，而是去"orally present papers"，即"宣讲"——介绍所做工作、展示研究成果、陈述学术观点、回答有关问题等）；③行话与套语贯通 [语言是一种具有一定"模式的活动"，语言交际的推理受到不同"活动类型"（activity types）的制约。语言运用与思想表达之间的"语言结构"（language structure）问题以及"语言模式化"（language-patterning）是公认的原则。这类"模式化"的语言，在国际学术会议交流的活动中也得到了充分的体现]；④论证与商榷交织（与会交流者为了能够准确地反映研究对象的有关事物之间的内在联系，就需要严密的逻辑思维，而这种逻辑思维的内容反映在语言上，就必然出现严肃的论证。同时，在学术会议中交流的许多内容都是与会者对有关事物和现象的研究和探讨，是与会者个人的思想、观点、意见、看法，所以在与专业同行交流的不少场合下又需要留出商榷的余地。这种论证与商榷交织的语用特征，使会议交流者在会议语用实践中表现为：自信、坚定而

又不妄自尊大的神态语气；雄辩、明确而又不失委婉灵活的措辞用语。这一语用特征的功能在于：前者能引起重视、令人信服，后者能留有余地、使人接受）；⑤展示与回避兼顾（国际学术会议既是研究成果展示的场所，又是情报信息交流的场所，其中必然伴随着各种情报信息的"释放"与"吸收""提供"与"获取"，即必然有一个充分"展示、交流"与适度"保密、回避"的问题）。

对于上述国际会议语用特征的研究，尚需要指出以下几点：

其一，这里所归纳的国际学术会议的五个语用特征表明，每一组具体的语用特征本身就是一个矛盾体的两个方面，相互之间存在着对立、统一的辩证关系。例如，无论是口语与书面语、宣讲与演示，还是论证与商榷、展示与回避，两者之间都并不是各占50%或一成不变，而是以最大限度地实现会议交流为目的，在语用实践中表现为辩证的关系和动态的调解。

其二，国际间的专业、学术交流，除了国际会议之外，还有其他多种形式，如发表专业论文、出国留学进修、开展合作研究、举办成果展览、交换文献资料、邀请讲学访问，以及跨国兴办企业、对外技术劳务等。尽管由于交流形式不同，各自的语用特点也会有所区别，但就总体而言，与国际学术会议语用特征相比，则基本上是大同小异的。因此，这里所探讨的国际学术会议的语用特征，对国际间其他形式的专业、学术交流也具有普适性。

其三，国际学术会议语用特征的形成，除了语言学的因素之外，也是心理学、社会学、信息学、传播学、跨文化交际等不同学科因素在国际交流实践中的反映。例如：为什么语言表达要"论证与商榷交织"？为什么要"自信、坚定而又不妄自尊大，雄辩、明确而又不失委婉灵活"？这其中心理学方面的因素就非常丰富。又如，为什么在专业交流中要"展示与回避兼顾"？为什么要又"取"又"给"、亦"截"亦"流"？这其中就既有社会学的问题，又有信息学、传播学、跨文化交际的问题。

其四，探讨会议语用特征，从一定意义上讲，也是为了说明会议语用意识和语用能力的重要性，因为只有具备相应的语用能力才能高效地进行相应的会议交流。而一个人的会议语用能力，集中体现了他的会议交流的基本知识和经验、专业程度、语言能力以及语用策略水平等综合素质。

其五，这里探讨的"国际会议语用特征"问题，与下面将要探讨的"国际谈判语用特征"问题一样，是国际交流语用学研究的一个部分。由于国际会议是国际间一种高水平、高层次的智力活动，常常伴有综合的、复杂的言语行为，因此，国际会议语用问题的研究无疑是一个值得进一步深入探究的课题。

三、谈判交涉类语境及其语用特征

所谓谈判交涉，即指以澄清事实、获取信息、争取主动、达成协议等为目的而与双方（或各方）进行的交谈、讨论乃至质疑、争辩。从这个意义上看，谈判交涉实际上也就是具有外交性质的谈判。

随着社会的发展，广义上的外交已经外延到包括政治、经济、科技、文化等各个领域。因此，这里所说的谈判交涉，就其主题性质而言，往往会涉及各种政治的、外交的、经贸的、科技的、军事的等因素；也就是说，由于谈判交涉的各方都是被赋予特殊使命的"外交的人"，他们的交涉既非学术探讨商榷，更非日常闲谈聊天，而往往与国家关系、民族利益、经济得失、技术秘密、知识产权等息息相关。谈判交涉的这种特殊性，对语言使用提出了更高的要求，特别是在解决谈判中的重点、难点、热点、疑点和处理交涉中的矛盾、分歧、冲突、僵局等过程中，要求语用具有较高的科学性、策略性和技巧性。

谈判交涉的语言特点主要表现在：①交涉注重攻心斗智；②言语讲求策略技巧；③措辞突出准确规范；④行文强调合理合法。从这个意义上讲，谈判交涉语言使用的难度、语用失误的影响和语境正式的程度，与日常交际和专业交流相比，显然难度要大一些，失误后果要严重一些，尽管其难易程度和失误大小是动态变化的。

谈判交涉达成协议后的文字工作格外重要。谈判交谈所涉及的有关法律、法规、协定，正式签署的合同、协议、契约，谈判过程中的纪要、备忘录、意向书、草约，以及双方来往的函电、通信等所有相关的文字材料，都要求字斟句酌、反复推敲、明确语义。因为这些契约一经当事人签署，便具有法律效力。这也进一步从"书面"的角度表明了谈判交涉所具有的语用特征。

由于从国际交流语用的角度专门地、系统地探讨谈判交涉的研究尚属空缺，国际交流语用学也从一开始就把它作为自己的研究重点。作为国际交流语用研究的第三个重要语境类型，具有代表性的国际谈判被选作该类语境语言使用研究的载体。国际间谈判毕竟不是轻歌曼舞的娱乐场所，它时而欢洽，时而琐碎，时而和风扑面，时而乌云压城。特别是在讨价还价的论辩过程中，谈判双方都遵循"实力政策"和"利益驱动"的机制，运用各种谋略和计策，或声东击西，或将计就计，或边谈边打，或以辩作答，可见它是一种较高层次的思辨和语用活动。国际交流语用学重视探讨一系列的谈判交涉活动中语言使用的特征和规律。

现仅以国际商务谈判语用特征为例，说明"谈判交涉"类语境下的语用特征。

国际谈判,是一种为了达成协议或寻找解决问题的方法而与他国对口人员交谈、讨论、阐述乃至质疑、争辩的过程。在这种不同地域、不同文化背景下的面对面磋商交涉中,作为"人类最重要的交际工具"的语言,无疑起着十分重要的作用。随着国际间各类谈判工作的不断实践和研究,当今的谈判语言已日臻完美,形成了一些独特的语用属性:①规范性(谈判语言中有一套约定俗成的习语;有通常运用的术语行话;有按一定的谈判程式和风格来进行的语言表达策略方式。这些长期形成的谈判程式或谈判风格,势必对谈判语言特点的形成和谈判言语技巧的运用产生影响);②论辩性(谈判中的利益冲突、分歧和矛盾表现在语言上可能会出现唇枪舌剑的激烈争辩);③模糊性(国际谈判语言的模糊性是由谈判的战略和策略所决定的,这一特性是服务于谈判者的目的和需要的);④幽默性(诙谐幽默的语言,能给人一种轻松愉快的感觉,能让人感受到说话人的温厚善意;在国际谈判中,能使严肃紧张的气氛变得轻松活泼,使阐述的观点变得很容易让人接受。即使在唇枪舌剑的论辩和激烈的竞争以及讨价还价中,幽默诙谐的言语也能极为有利地批驳谬误、明辨是非、说服对方);⑤策略性(谈判的语言策略性,表现为实现预期的谈判战略目标而灵活运用的语言表达方式、方法、手段和技巧)。

以上这些语用特征和语言技巧相互关联、彼此融合、相辅相成。在运用中,它们综合交叉、相互补充;在结构上,它们有机有序、浑然一体,形成了国际谈判语言特征的主体框架。

上述国际交流"语境三分"类典型的语用特征,如果从"适应/选择论"的视角来看,也可以说是交流者选择性地适应交流环境并做出适应性的语用选择的一种结果和体现。就这些语用特征的应用而言,国际交流者在进行国际交流过程中,一方面注意适应不同类型的交流语境,另一方面注意选择不同类型语境下的语用特征进行交流。

四、分类语用特征的相互关系

初步研究表明,正如普通矛盾寓于特殊矛盾之中那样,分类语境的语用特征呈现出"语境/语用的升级/兼容"关系,即:正式程度较高一级语境下的语用特征可以蕴含/兼容正式程度较低一级语境下的语用特征。

运用这种"语境/语用的升级/兼容"关系来解释国际交流的三类语境,就是:谈判交涉类语境下的语言使用特征可以蕴含/兼容专业交流类语境下的语言使用特征(当然,更可以蕴含/兼容日常交际类语境下的语言使用特征）；专业交流类语境下的语言使用特征可以蕴含／兼容日常交际类语境下的语言使用特征。

上述这种"语境／语用的升级／兼容"关系，也从一个侧面表明，这里所提出的国际交流三类语境的语用特征，只是从"类典型"的视角提出的其中"最典型"的部分，而相对来说，那些"次典型""不太典型""非典型"等范畴边缘的部分相对来说则是模糊的，因而它们有一定的交织和重叠。同时，由于国际交流的多样性和复杂性，交流者所处地域、社会、文化、理念等诸多差异，使得任何相关特征的概括都难免受到局限。在这个方面，这里关于国际交流语境的分类语用特征也不例外。此外，如果使用"适应选择论"的相关术语来解释，对于国际交流分类语境的语用特征的运用就是：一方面，交流者观察、适应了总体的交流环境，在研究中宏观地概括、选择了分类语境的语用特征；但另一方面，交流者也同样会参照、使用具体的交流环境，在实践中微观地调整、选择分类语境的语用特征。

第四章　跨文化视野中的语用失误成因及对策研究

对外汉语语用研究要关注特定情境中的特定话语，特别是在不同语言交际环境下如何理解和运用语言。在研究语言的具体运用时，会常常遇到一些并非语言本身的结构或语义的问题，而是牵涉使用语言的人以及使用语言的具体环境。例如，说话者和听话者相互的关系，说话者的主观意图，听话者的理解、解释，语言所达到的"驱动"效果，言语行为及其类型，语言环境与语言交际的关系，人们在交际中应该建立和遵循哪些准则等，这些都是对外汉语语用研究的内容。而对外汉语教学，从其性质和目的来说，都和语用研究有着密切的关系。本章立足于对外汉语语用，着重探讨了语用失误与相关对策，以期对语用研究有所启发。

第一节　跨文化视野中的语用失误

从语用上看，人类交际的基本单位不是句子，而是完成一定类型的行为，即所谓"言有所为"，例如，叙述、解释、请求、提问、命令、感谢、祝贺、道歉、问候等。根据环境、对象、交际目的的不同，选择不同的表达方式尤为重要，在这些方面出现问题的话就会出现所谓的交际失败。对外汉语语用失误是指在汉文化交际背景下的语用失误。母语的语用规则及母语文化的干扰是产生语用失误的根源。由于学生的母语语用规则和文化因素是自幼习得的，已是他们的思维方式和行为准则，在他们学习汉语时这些都会与汉语发生冲突，形成干扰。另一方面因为我们的教学还没有有意识地、有计划地、充分地反映汉语语用规则和文化，这片教学中的空白地使学生的母语干扰成为可能。语用对策就是针对来自不同国家、不同民族、不同文化背景的不同言语交际主体在交际中出现的语用失误而采取的应对措施或方法。在对外汉语语用中，语用对策主要指的是，针对以汉语为主要交际工具、以汉民族文化为主要交际背景的不同交际主体所存在的语用失误而应采取的语用对策。

一、语用失误概说

本族语者（native speakers）和非本族语者（non-native speakers）之间以及语言和社会文化背景不同的人们之间的交流，形成跨文化交际（intercultural communication）。在跨文化交际中，由于思维方式、说话规则、价值观念、词汇的社会内涵等方面的差异造成误解或谈话中断，致使交际失败而达不到预期的目的，这就是"语用失误"（pragmatic failures）。"语用失误"也被学者翻译为"语用偏误"。李宇明主编的《语言学概论》中说：失误"通常指口误或笔误，是偶然现象，这种错误不是系统的"；偏误"是系统的、有规律的，它反映出说话人的语言能力"。但笔者认为，在对外汉语语用与交际中出现差错就应该称为"失误"，所以笔者称为"失误"而不用"偏误"。对语用失误的研究始于英国著名语用学家珍妮·托马斯（Jenny Thomas），她在1983年发表了《跨文化语用失误》一文，为分析语用失误和文化迁移建立了理论框架。她对语用失误进行了定义、分类，她给语用失误下定义为"听话人不能从说话人的话语中理解其真正用意"。由此可以得出，跨文化交际的语用失误是指文化不同的交际者在交际过程中因未能准确地理解话语的隐含意义而导致的误解、不和乃至冲突等现象。

"在我国对语用失误的研究始于何自然等，他们从1984年开始采用托马斯的观点对英汉语用差异进行了调查研究，对语用失误这一概念也做出了许多解释与说明。一般认为，当说话人在言语交际中使用了符号关系正确的句子，但说话不合时宜或者说话方式不妥、表达不合习惯等，具体说来，说话人不自觉地违反了人际规范、社会规约，或者不合时间和空间，不看对象，不顾交际双方的身份、地位、场合等，违背目的语特有的文化价值观念，使交际行为中断或失败，使语言交际遇到障碍，导致交际不能取得预期效果或达到完满的交际效果，这种性质的错误就叫语用失误。它与句子结构方面的错误或者语法错误不是同一个类型的。语用错误不是句法层面上的问题。句法无问题，但是说的话语无意之中违反了人际关系与社会规约，或者不合时间、空间与对象，这样的不当，便是语用失误。"

托马斯将语用失误分为两类：一类是语言语用失误，它是由于外语学习者使用的目的语（即外语）不符合外语本族语人的语言习惯或套用母语的表达方式而引起的。另一类是社交语用失误，它与和什么人说什么话这一问题有关。牵扯到哪些话该讲，哪些话不该讲，人际关系的远近，人们的义务、权利，与人们的价值观念。这种失误是由于社会文化的差异，如不同的社会文化规则、社会距离、禁忌语、价值观等的不同引起的。一般说来，语言语用失误往往比较容易得到人们的理解和谅解，它们通常被认为是说话人在语言知识和语言能力方面有所欠缺。然而，社交语用失误却不为人们所接受或者忍受，它所产生的负面影响是难以消除的，因为它触及了目的语国家人们的个人隐私权和文化禁忌等。根据狭义文化差异的范围和特点，可将社交语用失误划分为礼貌语方面的社交失误、谦虚语方面的社交失误、个人隐私方面的社交失误和文化禁忌方面的失误。

跟拥有不同文化背景的人交际称为跨文化交际。能流利地用外语跟不同国家、不同民族的人交流是一种令人兴奋的经历，成功的交际不仅可以从精神和物质方面获得效益，也可以去感受其他文化的博大精深，并从中汲取营养。然而，在交际过程中，各种各样的失误影响着他们的交际。在长期的对外汉语教学实践中，作为外国人学汉语的施教者和见证者，更是感悟到这一点。外国人学汉语，即使发音很好，语法正确，语速也很快，我们还是常常能感觉到不是很完美，仍然能知道他们是外国人。为什么会如此呢？原因就在于他们的汉语还不地道。这里所谓的不地道，并不完全取决于语音的纯正和语法的精熟，即说话者并不违背语言规则，却让我们觉得有点别扭，不得体。这就关涉到语用问题。我们知道，要成功地进行言语交际，除了要有正确的语言形式外，还必须遵循话语形式的贴切性、得体性。然而，外国人和中国人交往毕竟是两种不同文化的人的交往，不同的文化心理和交际规约往往发生碰撞，产生文化冲突和交际障碍，甚至造成交际失败。在学习过程中这种情况是无法避免的。

语言的语用失误是指在语调、词汇、句式上不符合目的语的习惯而引起的失误，这一类失误除了不合汉语习惯外，还会导致表达和理解的错误，从而影响了正常交际，这是教学中必须要纠正的。通过两种文化、两种语言的对比，发掘和指出它们的差异以避免发生语言语用失误，这是对外汉语教学中值得研究的课题。社交语用失误是因为不了解或不能准确理解对方的文化背景而导致的语言表达方式上的失误，主要由于社会习俗、价值观念、语言心理、思维方式等不同而导致的。对外国人，我们可以介绍汉族人的文化和社会习惯，使他们理解我们在交际中出现的某些与他们文化和习惯的不同之处，但并不必要求外国人都必须按汉族人习惯去改变自己的思维和表达方式。例如，对别人的赞扬的反应，汉族人习惯答以谦辞："哪里，哪里！""差得远呢。"这是汉族文化中"以谦让为美德"的思想在交际中的表现。我们并不必要求以追求个性发展为特征的西方人也要对赞美之词推却、谦让，如回答一个"谢谢"也很恰当。但有些社交语用失误若影响交际则也应通过纠正要求学生掌握。应该指出的是，这两种语用失误的区分并不是绝对的，从一个角度看是语言语用失误，而从另一个角度看则是社交语用失误，有时不可能分得很清楚，毕竟所说的语用失误都离不开目的语国家的文化背景、思维方式和表达习惯等。对此，我们可以不必细究，因为纠正失误才是我们的根本，至于从哪一个角度来纠错并无大碍，只要能达到目的就是可行的。

二、语用失误的类型

（一）语言语用失误

外国人学汉语的语言的语用失误，大多是由于学习者对汉语语言形式或词语理解不透或使用时因自己的思维方式、观察角度有差异而出现的。下面我们主要从语音、词汇、语法等方面来探讨对外汉语交际中的语言语用失误。

1. 语音方面的语用失误

语音的失误主要表现在停顿、重音、语调、语气等方面。如果使用得当，可以准确地表达思想内容，充分表明说话人的情感，增强表达效果。胡裕树、范晓说："表达重点、焦点跟语句重音有密切关系，往往通过语句重音显现出来。"同时，他们在论述行为类型时也指出："汉语中表示行为类型的主要手段是语调语气和语气词。"同一句话若以不同语气、不同语调、不同重音或不同停顿来说，不仅效果不同，甚至造成语义上的差别及言外之意的逆变。在留学生学习汉语的过程中，这类不明显的语言形式是他们很难把握的，因此，因之而带来的语用失误很多。

例如，一次一位留学生在和辅导教师谈话时，称赞该教师"你是一个好老师"，无意中把这句话变成升调，从而变成对该教师是否"是一个好老师"提出质疑，引起了辅导教师的误会。在交际中我们听到外国人说汉语时的洋腔洋调，其中语音的不准确占了相当大的比例。

再如，一位教师想邀请一个留学生到家里做客。

教师：星期六来我家玩吧。

学生：不去。太给你添麻烦了。

这里的"不去"从字面语气看，显得那么坚决，让邀请人下不来台。

上述几类语用失误多发生在留学生初级学习阶段，此时，对汉语社会表达方式的不理解，再加上他们表达时的注意力往往集中在有限的词汇、语法的组合上，使这类语用失误占有相当大的比重。

2. 词汇的语用失误

在跨文化交际中，当一种语言中的某个词被译成另外一种语言中相对应的某个"同义词"时，其字面意义虽未改变，但其联想意义却改变了。事实上，跨文化交际中充满了这种词汇陷阱。如果不了解词汇的联想意义就会造成语用失误，引起跨文化交际障碍和失败。词汇是构建语言的材料，对于词义的理解，直接影响到语言的使用，语义的模糊性也在一个方面说明在不同文化背景下生活的人对于同一种事物或感觉的认知差异，例如在颜色、味觉、称谓、情绪、时间等方面，不同文化背景的人对它们的认知结果就不尽相同。不同语言的词汇之间也存在着大量的近义词甚至同义词，但也只是某些义项上的近似或等同，就词汇本身而言，是不可能完全等同的。正因为汉语与母语之间词语的不对应，再加上汉语词汇里自然包含了很多汉民族文化的成分，因此，外国人在使用时就会出现很多语用失误。

3. 语法的语用失误

（1）由母语语法负迁移引起的语用失误。

留学生学习使用语法规则时，常有类推的倾向，类推不当就会泛化，造成失误。汉语的意合性很强，有大量的意合被动句，而日语中被动句很有规则，因此日本学生过度使用"被"，把许多不需要用或不能用被动形式的句子用成被动句，造出"这所房子被我爷爷建造的""这幅画被我喜欢"等句子来。这些意合被动句在形式上并不需要"被"，而"被年轻人欢迎""被老师鼓励了"等句，把"被"换成"受到"更妥当些。

（2）对语言表达形式的不理解导致的语用失误。

在对外汉语教学中常发现一个问题：学生对句式的理解偏窄，要求、命令就要祈使句，要提问就要用疑问句。在他们看来，某一句式只能表达某一种功能。其实言语交际方式是灵活多变的，而绝非直来直去的一个模式，使用时要依语境而定。理解的褊狭，当然会导致语用失误。

例1：

学生：老师，你有汽车吗？

老师：我哪里有汽车呀？

学生：我不知道，可能在停车场吧。

例2：

主人：来就行了，还带什么礼物？

学生：我带了苹果……

上述例句都是在疑问词的理解上出了问题，看似只是疑问词的问题，实则是学生不能理解上述反问句中所表示的肯定或否定意义，在他们的印象中，凡是问句都是疑问的。这些是初学汉语者常出现的失误。

（3）滥用完整句导致的语用失误。

在外语教学过程中，特别是初级阶段为了培养学生的语感和语流表达，有些对外汉语教师总是想让学生用完整的句子来回答，却忽略了在实际交际中惯用省略答语。更重要的是，用完整句回答违反了会话原则中的量的准则，反而产生一种间接的用意，好像有"听话人似乎不耐烦"的意思。以下的对比例子可以看出这方面的失误所在。

例1：

学生甲：谁开的门？

学生乙：我。

学生甲：窗户呢？

学生乙：也是我。

例2：

留学生甲：谁开的门？

留学生乙：我开的门。

留学生甲：谁开的窗户？

留学生乙：我开的窗户。

（二）社交语用失误

如果说语言语用失误一般只影响到交际是否达到目的，对感情的伤害是轻微的，那么社交语用失误则由于事关社会文化的差异如社会文化规则、社会距离、思维习惯、语言心理、价值观念、风俗习惯等不同而极易造成误解，以致严重伤害感情，导致交际失败甚至更严重的后果。

外国人大都有丰富的母语文化背景，在他们而言，学习汉语时，总会受到母语的语用规则及母语文化的干扰，当然，他们也必然要调整自己的文化态度，以适应中国的文化环境，但不管怎么样调和，总是以自己的民族文化为主，以中国文化为补充。母语文化的影响有正负两个方面。在交际中，留学生总是会不自觉地把目的语文化跟母语文化进行对比，其中相同的部分，便以母语的习惯和方式来认同、使用，而对于不同的部分，且在母语文化中实在找不到对应之处时，他们就不得不进行文化换位，迫使自己进入汉语的文化背景。前者的认同有一个正确与否的问题，如果的确相同，则对留学生产生正面影响，如果实际上并不相同，则对留学生产生负面影响，即直接套用母语表达方式而导致语用失误。后者的换位有一个实现成功与否的问题，换位成功，交际者较为顺利地进入汉语文化背景，较为自如地用适切的汉语表达方式来进行交际。若换位不成功，交际者虽然有意识地想进入汉语文化背景,并掌握了一些适切的表达方式,但对这种表达方式使用的场合、人群、时间等并不十分清楚,没对汉语文化规约及时内化,也会产生许多语用失误。

1. 受母语文化影响而导致的社交语用失误

(1) 直接套入或过度泛化。

因受母语文化影响,对符合母语文化习惯的表达方式过分依赖而直接套入或过度泛化。例如,一次运动会上,一位教师百米跑取得了冠军,回来后,他的学生迎上去夸奖说:"老师,您跑得像狗一样快!"弄得该教师十分尴尬。汉语中狗往往带有贬义色彩,而西方则相反,常常将狗视为家庭成员,这个学生显然直接套入了本族语中的文化观念。

还有母语文化影响下的泛化问题,例如,一位留学生在告别时对教师说:"你的课很有意思,我很爱你。"实则他要表达的是"喜欢、欣赏"之意,虽然教师不至于误会,但"我爱你"这个形式在汉语中一般只限于异性之间互表爱意,且在表达时,向来是含蓄委婉的,一般要求私密性极高的场合才会说。

(2) 与汉语社会群体的思维方式和表达习惯不和谐。

由于受母语文化影响,留学生在表达时与汉语社会群体的思维方式和表达习惯不和谐,因此出现语用失误。

例1:

老师:你最近为什么不努力?

学生:啊,我最近发生了不好的事。

老师:(关切地)什么事啊?

学生:(果绝地)我不告诉你。

例2:

老师:今天怎么旷课,有什么事吗?

学生:我不想上课。

例3:

老师和学生在辅导课上,学生对老师说:"老师,今天抓紧点,别浪费时间。"

上述三例每个句子都意思明确,但听起来似乎都带着浓浓的火药味,这是因为表述得不客气,所选句式使态度显得太严厉。汉语无明显词形变化,只能依靠语体、句式来表达,但中国人表达委婉、迂回,绝不会用上述强硬、直接的表达。他们通常会改用反问句:"可不可以不说?现在能不能不告诉你?""啊,对不起,今天有事儿。""能不能……"甚至汉语社会群体在表达拒绝时，一般也是先肯定，再转折委婉表达。例如，"晚上一起看电影好吗？""好的。不过我晚上有个会。"这在习惯于清楚明白表情达意的西方人那里更是极不容易学地道的。这种委婉迂回某种程度上也会影响留学生的理解，造成交际中的不和谐。

　　另外，汉语社会群体往往在时间上有所模糊，"一两天"是多久，"以后再说"等都是模糊的，这是由于汉语社会群体在表达时遵循中庸之道所致。汉语社会群体在说话时给自己留有余地，不会将话说满、说死，以此来作为不失约或委婉推托的根据，这也与思维方式有关。但对于时间方面"丁是丁，卯是卯"的西方人来说，却很难理解。例如，当《俄罗斯姑娘在哈尔滨》正处于拍摄过程中时，导演向俄罗斯演员许诺"过两天我带你们到卡拉OK厅去玩。"两天后，几个俄罗斯姑娘打扮一新，整装待发，把导演给弄糊涂了，而姑娘呢，又埋怨导演说话不算话。这全是由于误解，因为汉语中的"一两天"是一个不确定的时间概念。西方人若是诚意邀请，一定会给出一个具体时间，而汉语社会群体为了礼貌，往往用一个不确切的时间来诚心邀请，以表示主人不愿对客人加以时间的限制，主随客便。例如，下面这则例子就证明了这一点。

　　中国人：什么时候一起吃饭吧。
　　美国人：好的，什么时候？
　　中国人：什么时候都行。
　　美国人：好，谢谢。再见。

　　这里显然由于汉语社会群体运用了中国式的邀请，导致了美国人西方式的理解，致使交际失败，这主要是由于双方思维方式以及交际习惯不同所致。

　　2. 汉语文化未内化导致的社交语用失误

　　留学生在理解、接收到内化汉语文化的过程中，尤其从愿意接受到真正内化是需要一段时间的，这个过程是通过大量的语用练习来完成并巩固的，同时在这个内化的过程中，会防不胜防地出现种种语用失误。例如，《洋妞在北京》中一位嫁进四合院的洋妞，处处事事以中国媳妇的标准要求自己，一天在公厕门口，端着痰盂跟刚从厕所出来的同院打招呼："大爷，您吃了吗？"虽已属笑话，却令人不得不防此类因汉语文化规约尚未完全理解充分而导致的失误的发生。此类语用失误多发生在对汉语社会群体的社会文化心理及思维方式、风俗习惯、价值取向等表达习惯方面的不充分理解上。

　　众所周知，社会交际是人类的普遍行为，但是由于文化的差异，每个民族约定俗成的交际规则多多少少都有一些差异。所谓交际规则，指的是同一文化中人们的行为、举止和谈吐必须遵循的由该文化长期积淀而成的规约和原则，违背了这些规则，行为就不得体。而中国作为五千年文明古国，长期以来儒家的伦理传统占据着极其重要的地位，更是积累了很多与众不同的社会文化心理，在交际中如认知不够，或内化不足，极易造成失误。

（1）违反汉语社会群体趋吉避祸心理的失误。

汉语社会群体趋吉避祸的心理在语言中表现得非常明显。例如，生病和死亡是人们最恐惧、最忌讳的。人们都不愿意得病或死去，心理上总是想避而远之。吕文华、鲁健骥先生曾举例说，一个意大利学生曾给他们写信，打听他喜爱的一个文学家"是不是死了"。这个"死"用得很不得体，应该改用"还健在吗"。

汉语社会群体的此种心理还使得在运用语言时，注意雅俗风格的不同对待，一般来说，汉语社会群体在一些场合谈及不中听的事物时，往往空缺或换用别的说法，而留学生虽然努力掌握却终因文化心理的难以把握导致失误。例如，听力课上，一学生一直占用耳机却不听，老师开玩笑说："你真是占着什么不什么。"岂料话音刚落，一位聪明的学生补道："就是，老师说你占着茅坑不拉屎。"结果弄得老师不好意思。因为"屎"之类的不雅词语不宜出现在这种交际场合中。

（2）违反汉语社会群体谦恭守礼求和谐的心理的失误。

重礼，是中国传统文化最显著的特点之一。表现在个人要求方面，则是谦恭有礼，礼尚往来。而礼尚往来的思维方式，常常设身处地为对方着想，不会令对方失面子，下不来台，而是尽量自谦自卑。"谦谦君子"就是人之典范。下面这个例子则明显违反了这一心理。一位中国学生请留学生吃饭：

中国人：菜不多，凑合吃。

留学生：还不多，太多了。我们两人吃得了吗？

（3）违反汉语社会群体的价值观念的失误。

价值观念通常表现为一个民族的道德观念并通过潜移默化的作用向该文化的成员灌输好与坏、对与错、真与假、美与丑等的标准。若忽视价值观念的潜在影响，交际势必出现失误。汉语社会群体的价值观一般是重情轻物，讳言金钱，即使是今天商品经济充斥各个角落的现代社会，言必及金钱，也会被视为俗不可耐。长期的儒学思想又引导人们"君子言义不言利"，以至于金钱成为令人羞涩的话题。因此，若在这方面处理不当，各种语用失误就会纷至沓来。例如，一个留学生问一位中国朋友：

"这件衣服很漂亮，你买得起买不起？"

"买得起买不起"的提法，一则不委婉、不含蓄，二则就蕴含了言外之意，怀疑对方的经济实力。

（4）违反汉语社会群体的迂回、委婉的表达心理的失误。

例如，对个人隐私等问题，汉语社会群体一般是谨慎、委婉地先旁敲侧击，搞清楚后才会去问，而不了解这一情况的留学生则会出现失误。新学期开始不久，几个留学生在和并不熟悉的年轻女教师聊天时，开口便问："老师，你孩子几岁了？"而该教师新婚宴尔，这一提问让她不知如何回答是好。所以汉语社会群体的委婉迂回表达心理致使汉语社会群体在表达时总是围绕自己的目的意图释放适当的冗余信息，即多说话或说超出需要量的话，因为这样可以把话说清楚、讲礼貌。留学生有时不能掌握这种冗余信息的度，或多或少都会造成语用失误。

冗余信息多给人啰唆的感觉，但还可达到交际目的；如果冗余信息过少，则往往令中国听话人有不知所措之感。笔者在讲授中级听说课时也有明显的此类感觉。学生在学习了一定量的汉语口语词又明显地接受汉语文化背景后，却出现这样的失误：

老师：你的汉语真不错，好像中国人了。

学生：哪儿啊？

老师：你帮了我这么大的忙，我一定好好谢谢你！

学生：谁跟谁呀。

应该说，学生的回答没有语言错误，但总觉得话没说完，这恰恰是违反了汉语社会群体的表达方式所致。此类的社交语用失误应该说是种类极多，因此在交际中，如果不注意掌握产生上述失误的诸多因素，将会导致交际无法顺利进行。

第二节　语用失误的成因

国内学者把语用失误的首位原因归结为文化差异。在跨文化交际中，由于一方（或双方）对另一方的社会文化传统缺乏了解，交际双方各持不同的文化观点参与跨文化交际，从自己的文化角度去揣度其他文化背景的人，结果两种文化观念不能相互融合，发现与自己的预期不同，就会产生文化冲突，出现不恰当的言行。王得杏、胡文仲、何兆熊、杨敏等从自我观、隐私观、自立观、成就观、独立观、反唯理智观等价值观念的差异分析了语用失误。"中国人强调群体，西方人强调个体；中国人善归纳，西方人善演绎；中国人善形象思维，西方人善逻辑思维；中国人把宇宙看作一个整体，充满其中的是'道'和'气'，西方人把宇宙看作一个个原子，各自独立又彼此联系。"

从言语习得的角度看，文化差异是语言使用中的干扰源，造成了负迁移，是产生语用失误的根源。吕文华、鲁健骥认为"由于学生的母语语用规则和文化因素是自幼习得的，已是他们的思维方式和行为准则"，因此会对学习和使用外语形成干扰。戴炜栋、张红玲指出"文化迁移是指由文化差异而引起的文化干扰，它表现为在跨文化交际中，或外语学习时，人们下意识地用自己的文化准则和价值观来指导自己的言行和思想，并以此为标准来评判他人的言行和思想。文化迁移往往导致交际困难、误解、甚至仇恨"。

跨文化交际的过程既涉及文化的规约也涉及语言的规约。逾越语言规约致使语用失误体现在语言的各个层面。例如，在词汇层面语用者误将本族语与汉语词汇一一对等，认为本族语词汇在文化内涵、外延上完全等同于汉语，误将母语使用习惯带入相应的跨文化交际情境。在句法层面上忽视与汉语言结构、表达方式及文化内涵之间的差异，不懂得在特定情境中有汉语的相应的、习惯的表达方式，在交际中套用母语的表达结构或误解汉语的其他表达结构，结果不能有效地表达自己的思想和用意，甚至引起误会。在跨文化交际中，如果人们总是以自己文化的语用规则或语用习惯来解释对方言语行为的表达方式，就会导致社交语用失误。

造成语用失误的成因很多，具体有以下几个方面：

一、外国人母语文化的干扰及对汉语文化未内化

在本文上部分中列举了语用失误的主要类型，并简要论及了留学生习得方面的主要成因。我们知道，文化具有民族性，每种文化都有其独特的风格和内涵。每种文化在其准则、规范、行为模式的表面下，都有着整套的价值系统、社会习俗、道德观念、是非标准、心理趋向、思维特征等，正是它们决定着语言的使用。因此，作为外国人在学习汉语前已经有了一个价值体系，以及观察事物的模式方法，有了一套自幼习得的母语语用规则和文化因素，在学习运用汉语时势必与之发生冲突，形成干扰。换言之，只要有文化差异，语用失误就不可避免。

二、对外汉语教学中的文化教学不足

吕文华、鲁健骥还从教学的角度解释了语用失误的原因。"我们的教学还没做到有意识地、有计划地、充分地反映汉语语用规则和文化，这片教学中的空白地使学生的母语干扰成为可能。初级阶段的语言教学内容（语言所表达的意义和文化内涵）往往是非常简单的、粗线条的。但是，成年人要表达的思想却是复杂的、细微的。这两者之间形成了一对矛盾，是语用失误的

一个根源。"

长期以来，对外汉语教学领域存在着重语言技能、轻文化语用教学的现象。虽然在教学中也或多或少地包含和结合着一定的文化内容，但是没有从外语和第二语言教学的原理和方法论上认识和明确这个问题，这就不免使语言教学造成某些缺憾，即对语言教学的认识和实现都不完整，在相当程度上把语言教学囿于就语言而教语言的境地。正如吕叔湘先生所指出的："语言是什么？说是'工具'。什么'工具'？说是人们交流思想的工具。可是打开任何一本讲语言的书本来看，都只看见'工具'，'人们'没有了。语言啊、语法啊、词汇啊，条分缕析，讲得挺多，可都讲的是这种工具的部件和结构，没有讲人们怎么使唤这种工具。"的确，学习一种语言，单学"部件"和"结构"是不够的，重要的还是要学会"怎么使唤"它。而我们语言教学的目的，最终是要教会人"怎么使唤"语言，也就是要使学习者获得语言交际能力，能够正确理解和使用这种语言。近几年来，很多先辈学者已注意到了文化教学，已在如何在语言教学中导入文化因素方面做了大量的探讨，但在具体的文化教学操作中，还存在着若干问题，足可以导致众多的语用失误。

（一）文化教学中知识文化的传授大于交际文化

张占一先生区分了"知识文化"和"交际文化"，受到了大多数对外汉语教学工作者的认同。之所以把文化划分为"交际文化"和"知识文化"，是以语言教学的特殊需要和语言教学的特定视角为前提的。跨文化交际障碍的症结所在是以交际文化为核心的，因为它直接影响了语言交际功能的发挥。交际文化要解决的是所学语言隐含的文化因素，是具体的、感性的、与语言教学融为一体的，故不易把握。而知识文化相对来说比较显露，可以理性地梳理成篇。因此在教学中很多教师对浮在明处的知识文化传授用力较多，而对交际文化却不够重视，这是一种不正确的方式。这并不是否认知识文化的功用，而是在实际交往中，交际文化才是交际得以顺利进行的保障。

（二）交际文化传授的误区：非系统性与习焉不察

交际文化是始终存在于教学中的，只是各阶段重点不同，层次不同。正因为如此，它遍散于我们的语言教学中。但因对外汉语教师全部是中国人，他们对自己民族的文化不够敏感，或者以为教学内容简单，无可介绍，或者由于是自己非常熟悉的东西，便认为不是文化，而不予介绍，然而往往正是这些汉语社会群体习以为常、习焉不察的文化因素，才是最应该介绍给外国人并对它们加以运用和练习的。例如，姓名的排序、称呼等，在汉语社会群体眼里再自然不过的东西，都是外国人交际过程中的拦路石。

再者，文化是一个系统，交际文化也自成一个系统，这种特征就决定了在教学中对交际文化的处理不能零敲碎打、东鳞西爪。对外汉语教师在课堂上一定都或多或少地涉及了交际文化，但因不成系统，往往是教师想到哪儿讲到哪儿，或者是遇到了就讲，没遇到就略，所以不能引起学生足够的重视。在他们的心目中，还只是为了学习语言，并没有意识到文化的因素。例如，在列举语用失误时学生所犯的一些错误，教师不一定没讲过，但因在整个课程教学中交际文化并没有形成一个相对完整的系统，所以学生印象不深刻，自然可能用错。

（三）教材中缺少语言和文化的融合及文化因素必要的得体的解释

语言教学要与介绍文化相结合，教材必须先行。如果没有能够提供文化信息的教材，那么教学要与介绍文化相结合，是困难的。我们现行的教材大多对文化因素的处理"两张皮"，互不搭界，文化因素以文化项目单列，变成了可有可无的东西，而中西方的文化对比更是少之又少。还有新文化现象不断产生，旧的文化现象不断消亡，很多教材中对文化的变迁反映不及时、不准确。如何能选择好的题材，编好课文，在课文编写时，将文化因素考虑通过语言形式介绍出来，或如何将语言项目通过具有文化内容的情境表现出来，使文化内容融合于语言并表现语言，才是解决的关键。不然，没有得力的教材，教师在教学中依然存在盲目零点，依然会像以往一样导致语用失误。

三、汉语社会群体对外国人语用失误的容忍度较大

在交际中，本族语者对第二语言使用者的语言水平不足早有一种心理预期，即使对方出现语用失误，违反了各种各样的语用原则或不符合本族语者的文化规约，人们通常也能够宽容或迁就。这种容忍也使得外国人对于语用失误不易察觉或"屡教不改"。

由于汉语社会群体有着求和谐、重礼节的心理因素，在和外国人接触时，即使彼此用汉语交流，中国人也会产生强烈的跨文化交际意识，并在心理上做好了接受异文化冲击的准备。例如，对外国人的感谢方式、拒绝方式，不管符不符合中国人的思维方式和文化心理，我们都能接受，或者即使接受了外国人作为生日礼物送的"钟"，吃了外国人亲手切好的"梨"，我们也不会有什么"送终""分离"之感。正因为如此，在汉语社会群体放任一些显性的无伤大碍的语用失误的同时，一些关系深层文化心理并有伤交际目的的语用失误也在无形之中被保存下来。

四、外国人的文化认同矛盾

正如盛炎所说："外国人学习中文时，必然要调整自己的文化态度，以便适应中国文化环境。但不管他们怎么调整，总是以自己民族的文化为主，以中国文化为补充，理解两种不同质的文化差别，他们的外国人身份不会从根本上改变，除非他们被中国文化同化。"外国人在学习汉语时，其实有的时候已经完全弄懂了汉语社会群体的文化背景和表达方式，但是还会出现前面所提到的语用失误，这就不是理解不清的原因了，而是他母语中的潜在文化在起作用，毕竟，留学生大都为成年人，母语文化观念也是根深蒂固的，特别是对一些操强势语言的学生来说，完全进行"文化移入""文化合流"就更困难。很多西方学生表示，他对用"你吃饭了吗？"来打招呼感到很别扭，对汉语的称谓词更是觉得太细化，不容易记忆。这种文化认同的矛盾，或者说对中国文化某些方面的不认同也就成了部分语用失误的直接成因。

五、外国人语言能力的制约

在跨文化交际中，使用第二语言的一方常受制于语言能力。克拉申指出，学习者在缺乏第二语言规则的情况下，直接使用第一语言形成句子，然后再将第二语言的词汇转换为第一语言的词汇，同时通过控制调节系统进行一些小型调整。第二语言使用者在不能顺畅地表达自己的意思时，往往要使用直译母语的表达方法，有时还要借助于夸张的表情手势，在情急之下甚至连母语也会脱口而出。因此而造成各种各样的语言失误，当然其中也包括语用失误。笔者鼓励学生多与中国人进行交际，增加他们语言实践的机会，让学生在自然语言环境与真实交际中习得汉语，这种做法从学生刚开始学汉语就开始要求，这是正确的，但因语言能力的制约，他们不可避免地会出现上述一类失误。这类失误是有阶段性的，随着汉语水平的提高和文化因素的逐步渗入，此类失误可以得到纠正。因此，在基础汉语教学阶段，教师要追求的不是完美的交际而是成功的交际。

第三节 语用失误的对策

语用对策就是针对来自不同国家、不同民族、不同文化背景的不同言语交际主体在交际中出现的语用失误而采取的应对措施或方法。

在对外汉语交际中，语用失误和语用对策主要指的是，以汉语为主要交际工具、以汉民族文化为主要交际背景的不同交际主体所存在的语用失误以及应采取的语用对策。

对外汉语交际属于跨文化交际，其交际主体主要是指来自不同国家的汉语学习者和以汉语为母语的汉语社会群体，其交际情况主要发生在汉语学习者与汉语社会群体之间。由于受汉语学习者学习汉语的水平、母语文化的干扰以及双方文化背景的差异等因素的影响，在对外汉语交际中会经常出现语言或语用上的失误，从而导致交际失败。因此，为了减少和避免交际中的这些失误，使不同文化背景、不同交际主体的人能够顺利进行交际，就要对交际中的失误进行分析，找出其产生的原因，制定相应的语言和语用对策。针对以上出现的语言语用失误和社交语用失误，结合原因分析，笔者将从以下三个方面提出语用对策，即语言与教学对策、语境对策和文化对策。

一、语言与教学对策

对外汉语教学主要是语言教学，即对汉语的语音、词汇、语法等的教学。长期以来，我国在这方面也取得了很大的成绩，一批一批的留学生有的留在中国，有的回国，或从事翻译工作，或从事汉语教学等，基本都能够用汉语进行交际，有的甚至能使用非常地道的汉语。但总的来看，他们在运用所学的汉语进行交际时，由于多方面的原因，仍然会产生各种各样的不符合汉语语言用法的问题。这种现象的产生，主要的一个原因就是，我们在教学中多注重语言知识和语言理论的传授，而忽视了语言运用、语言实践的教学和训练。另外，没有充分了解汉语语言自身的特点，对汉语缺乏深刻的认识，还有教学方法的欠缺、某些对外汉语教材编写不当等，也是造成语用失误的原因。下面笔者就首先针对由于语言各要素导致的语用失误提出相应的解决办法，然后再从总体上提出语言和教学对策。

（一）针对语言要素的语用失误对策

1. 正确把握语音语调、重音、说话的快慢、停顿的长短

同样一个句子"你读"，用不同的语调和重音说出来可以表达不同的意思。重音的位置也会影响语用含义，例如，"这件衣服看上去很好"，如果将重音落在"很好"上，则意味着对衣服的欣赏；而如果重音在"看上去"，则这句话的寓意就完全指向反面了。另外，语速的快慢和停顿的长短会给跨文化交际者带来困惑。

2. 熟练掌握现代汉语词汇的用法

笔者在汉语教学和跨文化交际中发现：学习汉语的外国人在使用时间词、颜色词、称谓词、谦敬辞、委婉语、成语、典故、俗语及可能产生

不同会话含义的词语时，常常出现语用失误，这正是我们应该特别注意之处。

（1）时间词。

中西文化都把时间看成一个连续体，但由于文化的差异，在用"前""后"指称过去与未来时，中西方采取不同的方式。英美人认为"将来"在他们的前面，"过去"则在他们的背后。中国人可能会把"We're getting ahead of the story"直译为"我们讲到故事的前面去了"。其实，这与英语的意思正好相反，其真正的意义为"我们讲到故事的后面去了"。传统的中国人把已经发生的事情看成在前面，而把将发生的事情看成在后面，因而有"前不见古人，后不见来者"之语。另外，汉语时间词的比喻夸张用法及汉语时间词的不等值也是造成跨文化语用失误的原因之一。

（2）汉语中特有的词语或词义。

语言是客观世界的反映，如果一种事物在另一种文化里不存在，就可能出现词汇空缺。例如，一位美国学生问"天啊"是什么意思，中国老师很自然地说"God"，这给学生留下了一种错误的印象：似乎中国人也很熟悉基督教。成语、俗语、惯用语等也是一个民族特有的文化积淀，对其他文化背景的人们来说，也很难产生同样的修辞效用。

（3）词义的文化差异。

不同文化对同一对象所做的观念划分的结果不同常造成词义的不对应。例如，英汉两种语言对颜色词的划分，从光谱学上看，颜色划分有一定的标准，但由于历史文化的影响，人们对颜色的划分是不同的。不同文化中指称意义或语面意义相同的词语可能文化内涵不同。这主要包括抽象词语（如"年轻、富裕、贫穷"等）和政治词语（如"自由、民主、特权"等）。词语的文化意义也不同，这里"文化意义"是指社会赋予词语或短语的感情色彩、风格意义、比喻意义、借代意义及特有的概念意义。某些词语包含的基本意义相同，但感情色彩不同。感情色彩一般分为褒义和贬义两种，这种文化意义在词典里没有列出，因而对留学生来讲，很难把握，例如，"肥"用来指人时有讽刺、诙谐的意味，是贬义词，若将它用于描述人则会产生语用失误。词语的风格意义可分为口语风格和书面语风格两种。语体风格也可表现出细微的语用差别，例如，"老婆"用于比较通俗的场合，"妻子"用于一般的场合，"夫人"适用于比较庄重的场合。词语的比喻和借代意义也具有鲜明的文化特征，这类意义在词典的释文里往往没有解说。例如，"祥林嫂来了"，用"祥林嫂"比喻唠叨不停地讲述自己的（悲惨）经历的人。词语的这类意义常造成跨文化交际的障碍。

（4）同一个词的不同语用功能。

词汇的语用失误还有一个极其重要的原因，就是对词语的语用含义理解不够。譬如"以为"一词，《现代汉语词典》中解释为"认为"，许多对外汉语教材中也翻译成"to think"，那么在"我以为他不来了"一句中，他是来还是不来？如果作"认为"解，意思显然错了。再如，"又"表示"同类动作、状态或性质的加合关系"，使用"又"字时前项可出现，也可隐而不现。在与前项构成各种语义关系时，"又"字有不同的语用含义。例如，"你又来晚了。"这里的"又"强调次数多，增加了一定的感情色彩。再如，"电风扇坏了，屋子里又热了许多。"这里的"又"表示递加关系，表明状态比以前有了某种程度的加深。其语用意义在于引起对前项"本来就热"的推想。又如，"站起来，他觉出自己又像个人了"（《骆驼祥子》），这里的"又"引起对前项"本来不像个人"的推想，强调变化。"他又不是小孩，用不着我告诉他怎么做"，这里的"又"的语用含义在于引起对隐含前项"除非他是小孩才用得着我告诉他怎么做"的推想，加强了语气。

（5）词语的预设功能。

通过词汇手段还可以表示暗示意义，这种意义是超出字面而受语境影响的意义，语用学上也叫"预设"（presupposition）。例如，"他终于来了"，暗示他可能是经过千辛万苦，克服重重困难，说话者等了许久方才到来；"他恢复了自信"暗示他本有自信，但曾一度失去自信，现在又有了自信；"今天比昨天冷"，只是一种普通的对比，然而加上"更"成为"今天比昨天更冷"后，寓意便比较明显，即"昨天也很冷"。

3. 熟练掌握现代汉语语法的特点，充分了解句法的语用特征

教师在外语教学中常告诉学生某一句类可表达某种功能，如要求别人做什么或不做什么时用祈使句，要提问就用疑问句，这使学生产生一种错觉：某一句类只能表达某一种功能。殊不知言语交际的方式是灵活多变的，而绝非直来直去一个模式。不明此理，就会造成语用失误。请看下面这个句子：

（外面很冷，窗户开着）老师问那个在窗户旁边坐着的学生："你不觉得冷吗？"

这个句子，表面上是疑问句，但在这里老师是想让那个学生关上窗户，所以具有祈使的意义。如果学生不明白这一层含义，就可能只会回答"冷"或者"不冷"，而不知道去关窗户。在语言使用过程中具体使用哪种句类要依语境而定。相似的句法结构在不同语言中表示的施事行为不一定完全相同。留学生常犯的错误之一，就是对相似句法结构的套用。例如，汉语中的"如果"

引导条件句，表示假设，但法语中的"Si"引导的条件句至少可以表达以下三种施事行为：假设、请求确认和建议。很显然，汉语不能用"如果"从句表示请求、确认或建议。法国留学生如果依照其母语句型说出汉语的条件句，则不能达到预期的交际目的，必然产生语用失误。

来自其他文化背景的学生对目的语句子的肯定意义或否定意义不能准确把握，也常常难以判断说话者的真实想法。例如，汉语中说的"你不喜欢，是吗？""不，我喜欢。"这对一个以英语为母语的学生来说实在很难理解。因为按照英语的习惯，答语前后的肯定和否定应该一致，例如，可以说"不，我不喜欢"或"对，我喜欢"，像上面的答语常使留学生摸不清对方的用意。其实，这正反映了思维方式的不同。英语回答是对事实做出肯定或否定的判断，而汉语则是对"你不喜欢"这个命题给出肯定或否定的回答。

由于语序和虚词的不同，造成的语法意义的区别，例如，"来客人了"和"客人来了"，"北京大学"和"北京的大学"，以及量词的用法等，在汉语中更加普遍。因此教师要在对外汉语教学中特别强调现代汉语语法的特点，以便使留学生更加熟练地掌握汉语的句法及表达方式，更好地运用汉语进行交际。

（二）语言与教学语用对策

1. 充分了解汉语的特点

首先要充分了解汉语的特点，明确汉语在语音、词汇、语法等方面的用语规范，掌握标准地道的汉语。同其他国家的语言相比，汉语是一种形、音、义都非常复杂的语言。其在语音上的特点是有声调，音同、音近的字较多；而且字形复杂，同偏旁的字、多义字又多；词语词汇量大，词义丰富，尤其是熟语的用法复杂多样；语法方面，词语和句式的功能灵活，用法多变，表达方式多种多样，句子的结构特点主要是"意合"而不是"形合"等。只有掌握了汉语的这些特点，并且能够准确得体地付诸应用，才能够克服汉语交际中的障碍，真正顺畅地运用汉语进行交际。

2. 从整体的角度理解词语的用法

留学生到中国学习汉语，在解决了汉字的问题后，所遇到的最大的问题就是词汇的问题。一个留学生，他能够用所学的句型说出一些中文的句子，而且可以完全让人明白他的意思，但是在实际的交往过程中，除了留学生特有的"洋腔洋调"，我们总是会发现他们在表情达意时的一些怪怪的地方。例如说，我们常常可以听到一个留学生说："你好，我的名叫××。"而通常以汉语为母语的人如果要表达同样的意思时，常用的说法是"我名叫××"或"我的名字叫××"。当然，我们在这个留学生的话语中找不到语法的错误，那么，问题出在什么地方呢？

很显然，以汉语为母语的人，习惯用双音节来表达意思。如果用"我"，就用一个简单的"名"来接在后面，如果用双音节"我的"，就用另一个双音节词"名字"来构成句子。这一点，如果从文化的角度来解释的话，就是中国的文化习惯以对称的思维来理解问题，而初到中国的留学生，因为对这一文化特点还不太了解，所以不能自然地形成这种对称的思维，故而出现了上述的虽然语法没有问题、但是在汉语社会群体听来却十分别扭的语句。

在对外汉语教学中，笔者发现，大部分留学生虽然掌握的词汇量不少，但是日常交际中仍然存在许多问题。其主要原因就是他们在学习词汇的过程中，更多地把注意力放在了单纯地记忆汉语字词的意义方面，而不是从一个整体的角度来记忆词汇。这个整体的角度，在很大程度上是对称地理解记忆汉语词汇。吕叔湘先生曾在《现代汉语八百词》中指出："现代汉语里的词语结构常常受单双音节的影响，最明显的是'双音化'的倾向。"现代汉语中，双音节词占大多数。有许多单音节或多音节词语在运用时习惯上都变为双音节。例如，一个人姓"李"，人们就叫他"老李"或"小李"，但是如果他姓"欧阳"，人们就叫他"欧阳"，而不是"老欧阳"或"小欧阳"；单音节的地名总带上类名，例如，"美国""英国"，而双音节的就不带，例如，"日本""越南"；每月的单日我们说"一号""七号"等，而十号以后我们就说"十五""二十"等。汉语中大量的简称也具有这种双音化的对称特征，例如，"空调（空气调节器）""北大（北京大学）""男足（男子足球）""影评（电影评论）"等。另外，由于中国的文化习惯以对称的思维来理解问题，双音节的词要求在它后面跟它搭配的词也是双音节，如果把前边的词变成单音节，后边的词最好也要变成单音节，例如，"打扫街道"，也可以简缩为"扫街"，但一般不说"打扫街"或"扫街道"。很多留学生对中国的文化了解一些后，对中国的成语也越来越感兴趣，由于成语大多是四字的，所以也具有一定的对称特征。

3. 不要忽视词语的色彩意义，尤其是感情色彩

汉语里有些词语和惯用语有色彩的区别，因此在使用时，不仅要明确它们的意思，更要明确它们的色彩，否则就会用错。在对外汉语教学中，留学生经常会在这方面出现错误。例如：

（1）老师：下星期我去看你吧。

学生：岂有此理。

（2）学生：老师给我戴高帽子。

（3）学生：陈老师的课讲得很好，他的话很不正经。

这里的"岂有此理""戴高帽子""不正经"一般都用于贬义，用在这里显然都不合适。第一个例子中的学生本来是要表达"哪有老师看学生的道理？"，但是却不知道"岂有此理"表示的是对不合情理的事情的气愤。老师看望学生本是好意，学生应该对此表示感谢，婉言谢绝，而不应感到气愤。第二个例子中的"戴高帽子"是汉语中的一个惯用语，意思是恭维别人，或对人说恭维的话，一般是下级对上级，也带有一定的贬义。教师对学生一般是夸奖或者表扬，而不能说恭维。第三个例子中的"不正经"也是贬义，通常是指一个人作风不够正派、行为不够端庄，一般认为是骂人的话。在这个句子当中，学生本来是想表达陈老师讲课很幽默风趣，他们很喜欢听，结果由于不明白词语的感情色彩，造成了误用。

4. 注意语法点的对比分析

在关联词语的使用上，汉语和韩语有很多不同之处。一般情况下，韩语的关联词语不能成对出现，分句之间用连接词尾表示。韩国留学生在学习汉语关联词语时往往受其母语的影响，造出一些不符合汉语规范的句子。如关联词语位置不当："无论什么天气，都我们要按时上课。"这是因为，在汉语的复句结构中，首句使用连词的较多，一般后续句需要关联副词接应。韩国学生不了解关联词语的这种特点，把副词性的关联词语当成连词使用，于是出现了"都我们""就我"等之类的错序失误。汉语关联词语的对应关系比较复杂，有的是一对一的关系，有的是多元对应关系。由于受多元对应关系的影响，韩国留学生在使用汉语关联词语时，常常误选。例如，"你喝茶或者喝咖啡？""或者"和"还是"都是表示选择关系的连词，但二者在使用上有很大的区别。"或者"是提出两种可能性或对象选择，意在所选定的必具其一，一般不能用于疑问句。"还是"是指出两种可能性或对象，意在询问选择其中的哪一项，一般只用于疑问句。留学生只注意到了"或者"和"还是"在表示选择关系方面的共同点，而没有理解这两个词在意义和用法上的差别。除了以上所举的例子以外，韩国留学生还会出现关联词语的遗漏、多余以及搭配错误等使用上的失误。

5. 了解学生的母语文化

除此以外，了解学生的母语文化，把握学生的性格特点、学习心理、思维方式，也是教师在教学中应该注意的重要方面。韩国学生比较内向，对教师讲解的东西善于记忆，却不善言谈，课上很少发问，大都靠课下自己消化。对于难以理解的问题，容易产生焦虑情绪，以致影响他们的学习积极性。对此，教师应及时发现他们的困难，热情鼓励他们参与教学活动，并努力为他们的语言实践创造条件。

6. 在教学中恰当处理汉语学习者的母语干扰

中介语理论认为，产生失误的原因是多方面的：母语或媒介语对目的语的干扰、已掌握的目的语知识的干扰、教学中的讲解不够和训练中的失误等。其中，母语或媒介语对目的语的干扰是一个重要原因。这种干扰一般源于教材的注释。目前的对外汉语教材一般用学生的母语词（主要是英语）注释目的语中的词，例如，"女人"这个词，留学生一般在初级阶段就掌握了，但使用情况并不理想。例如，以下是一个中级汉语水平的留学生造的句子：

我希望去国外，可爸爸觉得女人一个人去国外很危险，所以他们不让我一个人去国外。

很明显，这里应该用"女孩子"，不应该用"女人"。但是教科书上是用英语的"woman"来对应解释的。经过分析笔者发现,这两个词有相同的地方,也有不同的地方。相同之处是，两个词都能表示群体，指女性。汉语中用来指女性群体时，可以用"女人"，例如"女人都喜欢逛街""这里有男人、女人和孩子"等。但由于民族文化、思维方式、表达习惯等的作用，二者在意义和用法上的差别更明显。在中国的传统观念里，结了婚的才算真正的"女人"。但在西方，如果已经生理发育成熟或达到法律上规定的成年人年龄，即使没有结婚，也可以称作"woman"。所以"single"可以和"woman"组合成词组"a single woman"，译成汉语就成了"未婚女子"，如果译成"未婚女人"是不符合汉语习惯的。所以不同语言中除了少数专有名词、科技语外，几乎没有完全等同的词。有一定对应关系的词，在意义、用法、感情色彩和语体色彩等方面都存在很大差异。缺乏语言学知识的留学生，误以为两者完全等同，就会出现语用上的错误。为此，对外汉语教师一方面要帮助学生消除对等词语观念，在讲解的时候尤其要避免"这个词就是英文中某个词"的简单化做法。另一方面，失误发生后，教师应及时适当地引入汉语对应词的近义词，并随着学习者汉语水平的提高辨析近义词的不同用法，通过练习与实践以达到学习的目的。

7. 注重实际应用

在对外汉语教学中，在语言知识和理论学习的基础上，教师应多注重语言的实际应用，使汉语学习者在应用中掌握活的语言，而不是死记教材上的知识。

在汉语学习过程中，教师应该针对留学生在语音、词汇、语法、语用等方面存在的问题，提出合理有效的解决办法。如在语音方面，由于汉语的同音字较多，而汉语中特有的声调现象已经让他们感到混乱不堪了，因此他们经常把"饺子"说成"轿子"，把"包子"说成"报纸"等，也就不足为奇了。因此，教师除了要教给他们标准的汉字的声韵调的发音之外，还要结合其中文含义及用法进行教学。除了在课堂上教授之外，还要结合交际的实际反复练习以加深印象。在语音的学习中，听和说是两项非常重要的语言技能。可以为他们选取一些录音材料，让他们多接受一些正确、标准而真实的汉语语音。最好能配合一些练习，例如，建议他们根据录音来辨别音节或声韵调等；建议他们多模仿发音人的标准汉语语音，有条件的话，可以让他们把自己的发音录下来，再与原来的录音材料做比较，寻找差距，如此反复地练习，日积月累，发音就会有很大的提高；也可以通过观看电视来模仿中国中央电视台新闻播音员的正确发音。为了培养语感，尽量让学生生活在只有汉语存在的语言环境中，这样他们为了生存和交际的需要，会由被迫转变为主动地学习。因此，不应该对留学生实行封闭式管理，应当让他们走出去，多接触中国人的语言和生活，才能使他们掌握地道的发音，顺畅地用汉语交流。

为了减少甚至避免失误的产生，应当采用积极有效的教学方法。例如，情境教学法：在教学中先设置情境，根据情境给出典型的例句，这样可以让学生在具体的语境中把握词语的意义和用法，培养学生的语感。教师在教学中要利用和创造交际环境，突出词语的语用功能，使学生在交际中体会其功能和用法。教师在教学中以少用术语、少讲定义为宜。术语只要学生知道这个概念指的是什么就可以了，主要应通过一些例子，让学生感知和理解。所举的例子一定要典型，然后让学生模仿例子造句。针对学生造句中出现的问题来讲规则，这样的讲解针对性强，使学生既感兴趣，又容易理解。

8. 正确对待母语负迁移与泛化性失误

在第二语言学习中，"迁移"是指已经掌握的知识技能对随后掌握的新知识技能的影响。"母语负迁移"指的是外语学习者在学习第二语言的过程中，受到的来自其母语的干扰或负面影响。目前在使用学生的母语来解释汉语时，主要采取一一对应的方式，这导致了大量失误的产生。因为这种方法使用不当会使学生不能准确理解汉语词语的原意。不同语言之间，除了某些专有名词和单义的术语外，基本上不存在简单的一一对应关系。两种语言中有一定对应关系的词，除了语音、书写形式上不同之外，在语义范围、搭配关系、使用范围、感情色彩、语体色彩、文化内涵等方面都有许多差异。如果仅仅根据母语的词与汉语词的意义的对应来理解汉语的词义，而不了解二者之间存在的差异，就不能准确理解汉语词语的意义，在使用汉语词语时就会产生失误。例如，以英语为母语的留学生对介词结构的语序学习比较困难，常常说成"我学习汉语在教室""他毕业从大学以后住在家里"等之类的句子。这是由于受其母语即英语语法结构的影响造成的。这就要求教师在教学中针对两种语言之间的差别进行对比分析。

"泛化性偏误是学习者将其所学的有限的不充分的目的语知识，用类推的办法不适当地套用在新的语言知识现象上而造成的偏误。"这里的偏误其实就是我们所说的失误，在汉语学习中也比较常见，例如，在汉字读音方面，最显著的泛化现象就是识读形声字时出现的泛化。汉字中有80%左右的字是形声字，占汉字总数的绝大部分。但并不是所有的形声字都和声旁的读音相同。学习了一定量汉字的学生已经意识到形声字的声旁具有表音的作用，但又还不知道该规则的局限性，在遇到那些不认识的形声字时，往往会按照这个形声字的声旁去读。例如，把"拙"念成"出"，把"钥"读成"月"，就是这种泛化。在词义和语法方面的泛化也比较常见。

在对待学习者的失误的问题上，过去一直存在着两种截然不同的观点：一种认为学习者必须通过对正确形式的强化来养成正确的语言习惯，而失误对形成正确的语言习惯是极其有害的，因此对已出现的失误则有偏必纠，一个也不能放过，以免养成错误的习惯。另一种观点则认为失误是走向完善的必然阶段，是学习过程中必须出现、又会自然消失的现象，到一定程度时失误就会自动克服，因此，任何失误都可以听之任之，不予纠正。现在人们认识到这两种对待失误的态度都不正确。泛化性失误的出现虽然是学习过程中不可避免的正常现象，对学习者目的语系统的形成是十分必要的积极过程，但也是不完善的目的语状态。因此，我们应该尽量减少不必要的泛化，尽量使学生少走弯路。为此对外汉语教师应该做到，在教学过程中，对那些不能穷尽所有现象的规则，应尽量使用"一般可以"或者"可能可以"，避免使用"应该""一定"之类的绝对化词语。在进行应用训练时，强调"类推"，以达到举一反三的作用；但同时也要列举"例外"，让学生知道该规则并非适用于全部现象。

二、语境对策

关于语境的相关理论，早已存在详细的论述，在本书这一部分当中，主要分析对外汉语交际中语境的重要性，以及由于语境因素引起的语用失误，从而提出相应的语境对策。

（一）对外汉语交际中语境的重要性

语境就是使用语言的环境，也叫语言环境或言语环境。"人们使用语言进行交际离不开语境，就像人的呼吸离不开空气一样。"人们在使用语言的过程中，总是和特定的语境相联系，话语的含义和表达效果也总是在特定的语境中表达出来的。有学者把某一话语在具体使用时的语境条件称为语用条件。每句话语都有一定的语用条件，即每句话语的使用都要受到一定的语境限制，也就是说，不能只根据话语或词语的字面意义随意在任何时间、任何场合使用，它们的使用是受到一定的语境限制的。

汉语的词语和句子意义丰富，在不同的语境当中，其意义各不相同。言语交际离不开使用语言的主体，因此交际双方的性别、身份、职业、年龄、受教育程度、文化修养以及交际时的心理、心情等都会对交际产生一定的影响。由于汉语的语义含蓄丰富，因此语境的作用尤其重要。中国的语言学家、修辞学家都曾强调过语境的重要性。任何一种言语交际，无不是在具体的语境中进行的，言语交际能否取得成功，在很大程度上受到语境的影响。同样一句话，在这一语境中备受称赞，在另一种语境中，就难免被嗤之以鼻。例如，说"你好"这个词，见面打招呼说"你好"是一种问候，如果是两人吵架时说，那就是一种反语了。

（二）对外汉语交际中语境因素的制约和对策

汉语的语境因素比较复杂，笔者结合对语境的制约作用的分析，针对交际中由语境因素造成的语用失误提出相应的语用对策。

笔者从汉语的实际出发，分别从语言语境和非语言语境两方面分析了汉语语境的制约作用。其中语言语境主要是指语流语境和上下文语境，非语言语境主要是指情境语境、社会文化语境和心理语境。在此，笔者也将从这两个方面入手，对对外汉语交际中不同交际主体在语境中产生的语用失误进行分析，并采取适当的应对措施。除此以外，在交际中对指示语的理解也要依靠特定的语境。

1. 语言语境对策

任何一种语言都是由语音、词汇、语法这三个要素构成的，三者缺一不可，共同构成语言这个整体。因此任何语言的应用都离不开语言的要素，语言的各个要素都会对语言产生影响，从这一点说，语言本身即语言运用的最切实的语境。在语言语境中，最突出的就是语流语境和上下文语境。在语流语境中，语音通过音变、重音、停顿等手段进行韵律选择与调控；在上下文语境中，语言单位完成词语最佳意义凸现和语境含义衍生，意会词语的组合关系，显现语句的融会贯通，最终呈现汉语的意合特点。

因此，一方面，掌握语流语境中的音变现象，注意语音语调的调节和变化，减少或避免语用失误。另一方面，在上下文语境中确定词语的意义（包括色彩意义、临时意义等），掌握词语的用法，注意句子前后的语法照应，从而减少或避免语用失误。

在对外汉语交际中，由于对语言语境的忽视或不了解造成的语用失误比较普遍，这方面的例子前面已经举过不少了，再如，"水饺"和"睡觉"这两个词，声母和韵母相同，只是声调不同。但由于外国人对汉语的声调常常把握不准，所以经常将这两个词混在一起。例如，当一个外国人说"我要shuijiao"时，就必须结合具体的语言环境才能明白他说话的意思。如果是在饭馆里对服务员说这句话，那肯定是要"水饺"；如果是休息时间在家里，躺在床上说这句话，就一定是要就寝了。

有一次，一个中国人与他的一位外国朋友一起吃饭，这位外国朋友懂一点汉语，而且非常勤学好问。吃饭的中间这位中国朋友说要去方便一下，外国朋友不懂"方便"这个词是什么意思，中国朋友就告诉他是"去洗手间""上厕所"的意思。吃过饭后，中国朋友为了表示对客人的热情，就说："下次等你方便的时候，我再请你吃烤鸭！"这位外国朋友听了之后大惊失色，连声说"No!No!"。

这里造成语用理解上失误的主要原因，就是不知道"方便"这个词在不同的上下文语境中其含义是不一样的。在前一句话中，"方便"是上厕所的委婉说法。有时在一些场合直接说"上厕所"不太文雅，所以汉语中就用这个词来代替，一般说"去方便方便"或"去方便一下"。有时也用其他的说法，例如"去卫生间"或"去洗手间"，还有的说"上一号"。在后一句话中，其含义是"有时间""有空"或"不忙"的时候，也是一句客套用语。如汉语社会群体常说"等你方便的时候，我请你喝茶"或"你方便的时候，来找我聊天"等，其实，多数情况下是一种客套，并不一定真的去做。也许你"方便"的时候，他不"方便"呢。

2. 非语言语境对策

非语言语境是语言运用中特定的条件和情境。实际的语言运用中，人们的言语活动总是在一定的交际环境中进行的。语言的运用、理解不仅与语言语境有关，还与交际时的情境、语用主体的身份、心情、生活经历及社会文化背景等非语言语境有密切的关系。

（1）考虑交际时的情境。

场合是情境语境中一个非常重要的因素，不同的场合其用语也有所不同。例如，汉语社会群体见面打招呼常用的"吃了吗？"这一句子，并不是在任何场合都可以用。有些称谓语在不同的场合也需要用不同的表达方式。例如，"爸爸""妈妈"和"父亲""母亲"这一组称谓语，一般是口语或当面称"爸爸""妈妈"，而在书面语或对第三者说时称"父亲""母亲"。

交际情境对话题的选择也有一定的制约作用。在不同的场景，不同的语用主体的谈话题目和内容有所不同。例如，在教室里、课堂上，教师与学生之间谈话的中心往往与学习内容有关，而在课外，则比较随意，可以谈生活等问题，甚至可以开玩笑。在朋友的婚礼上，人们对新郎新娘说的总是"白头偕老""百年好合"等美好祝福的话语，而在其他场合，朋友见面更多地只话家常，或谈论工作、爱好等。在对外汉语交际中，话题的选择还要受交际双方文化差异的影响。西方人见面多谈论天气、交通等与个人无关的话题，而中国人的习惯则是以关心对方为主，所以即使是两个陌生人见面，只要聊起天来，也很快就像老朋友一样熟悉了。

（2）考虑交际主体。

在现实生活中，言语活动任何时候都是双向性的交际活动。言语交际主体是交际中最重要的因素，也是语境因素中最重要的主观因素，没有交际主体，交际就不存在。在言语交际中，主体双方的关系是非常复杂的，这种关系在相当程度上制约着言语交际过程，它是人和人之间各种社会关系的反映。在言语交际的各个环节，交际双方往往会不自觉地对与对方之间的社会关系进行分析、判断，从而把握自己的言语表现。例如，要考虑对方的性别、年龄、职业、性格、爱好、文化程度、家庭背景等。因此，交际要看对象。例如，对女性不能随便问年龄，尤其是未婚女性。初学汉语者不了解这一点，以至于会产生问老师"你几岁了？"这样的笑话。

陈汝东在《对外汉语修辞学》中曾举过一个例子，说他的一个留学生，有一次下课后从后面叫住他："汝东，我有个问题——"，让他感到哭笑不得。在西方，不管是朋友之间，还是师生甚至子女对父母等都可以直呼其名，而在中国，子女对父母，学生对老师，都不能叫名字，只有上级对下级，长辈对晚辈，或同学、朋友、夫妻等之间可以互相叫名字。

（3）符合交际的社会文化背景。

语言是文化的载体，语言的使用总是在某种文化中进行的，它离不开社会和文化等因素的影响和制约。文化语境也就是语用活动的文化大背景，所涉范围十分宽泛，诸如时代、地域、民族、风俗习惯、生活习惯等。可以说，文化语境是语言运用所参照的文化信息的总和。文化影响人的存在，这种影响涉及许多方面，包括人们自我表达的方式以及感情流露的方式、思维方式、行为方式、解决问题的方式等。语言世界作为物理世界的一种反映物，人们的交流都是在一定的社会文化环境中进行的。人类社会中的任何一种言语现象，都蕴含着文化的意味，同时也会受到文化的制约和影响。

在交际中，人们为了达到交际目的，往往会选择得体的言语行为方式。言语行为方式是指人们在语言运用过程中所选择的得体的交流方式。人们用以交流的言语行为都是在一定的文化环境中发生的，因而必定要受到文化背景的制约和影响。文化语境中固有的文化因素，例如，习俗、习惯、行为方式等都会在个人的头脑中形成一定的积淀，以一定的模式存在。人们在使用语言的过程中，往往会选择有利于交流的交际模式以达到成功交际的目的。社会文化背景语言交际过程中的不得体的原因往往不在于交际者在语言形式方面的缺失，而大都因为与特定的社会文化语境不协调。

在运用汉语进行交际时，要充分了解汉语的词语和句子中蕴含的文化意义，尤其是汉语中的言语行为方式，更是受制于文化因素。

3. 指示语在话语理解中的语用对策

除以上两个方面外，指示语的研究也是语用学的一个重要组成部分。何自然先生在《语用学与英语学习》第二章"指示语"中写道："指示语直接涉及语言结构和语境之间的关系。语言中指示词语的指称和它们在构成语言时的含义，往往取决于话语的语境和说话人的信念和意图。"指示语是话语中跟语境相联系的表示指示信息的词语，其具体所指以及对其理解都必须依赖于特定的语境。

指示词语包括语言在语境中有所指的词语，用来表示谈话的参与者、谈话所处的空间、谈话发生的时间和谈话的社交环境。指示语按其指代性质及与语境结合的不同情况，可分为三大类型，即人称指示语，时间、地点指示语和社交指示语。在运用汉语进行交际时，要结合一定的语境来理解指示语所提供的信息，才能达到交际的目的。

（1）人称指示语。

人称指示语主要是由人称代词表示的话语信息。但是需要指出的是，对于人称指示词语所指的理解是在交际中以说话人为基准的。在言语交际中，人称指示的对象不断变化，因此需要结合具体的语境来理解。例如"我是老师"这句中的"我"所指代的对象是随着说话人的变化而变化的。汉语中人称代词有三类：第一人称、第二人称和第三人称，并且分别有单数和复数形式，比较复杂，必须搞清楚，才能正确理解和使用话语。

（2）时间、地点指示语。

时间指示语指交谈双方用话语传递信息时提到的时间。在交际中，时间指示是以说话人在说话的那一时刻作为参照点来计算和理解的，例如，"上午、下午、昨天、明天"等。地点指示语是指言语事件中相对于指示中心的方位，也是以说话人为中心参照点的，例如，"前、后、左、右"等。时间、地点所指也是随着说话人或者参照物的变化而发生变化的。

（3）社交指示语。

社交指示语指语言结构中能反映出语言使用者的身份和相对社会地位的词语，具体涉及以下三个方面：言语交际参与者的身份；说话人和听话人之间相对的社会地位；说话人和所谈到的人（第三者）之间相对的社会地位。社交指示的参照点是说话人的社会地位。在社会交往中，人们对相互之间的相对的社会地位是很重视的。例如，汉语中第二人称单数"你"和"您"的用法不同，就反映了交际双方不同的社会关系或社会地位。称呼语也能反映社交指示信息。汉语中上级与下级之间、师生之间、长幼之间等都有一定的秩序，因此在运用汉语交际时要注意特定语境下的交际对象。

总之，言语交际离不开具体的语境，要想减少或避免对外汉语语用中的失误，应该从以下几个方面寻求对策，解决问题。

第一，掌握扎实的汉语基础知识，对于汉语中词语及句子的用法应尽量做全面透彻的分析，尤其是对相同或相近词语或句式的用法，更要分清它们之间的细微差别。

第二，要充分了解汉语的语言使用环境，掌握汉语的语用规律。汉语的语用规律首先表现为，话语表达要与交际主体自身的因素相协调，即要考虑交际主体的身份地位、性别、年龄、职业、籍贯、性格、修养、经历、处境、说话目的等。另一方面，汉语语用规律还表现为具体的交际情境，即话语的时代、社会、文化背景，还包括话语的时间、地点、场合等。

第三，在对外汉语教学中，要求我们对汉语的各组成层面的规则和语用规约做合乎外国人学习汉语的特点的研究和阐明。在教学中，可以创设一定的具体情境，把语用规则或条件融入具体的情境中进行教学，以便于汉语学习者更好地掌握话语的使用，避免语用失误。

三、文化对策

随着中西文化交流的不断扩大，跨文化交际越来越被人们所重视。不同语言、不同文化背景的人们要成功地进行交流,语言是基础,但跨文化交际能力和意识尤为重要。语言只是一种交际符号,如果语言不负载文化就只能是毫无意义的一堆符号。美国语言学家爱德华·萨丕尔指出:"语言不能脱离文化而存在,不能脱离社会继续下来的各种做法与信念,这些做法与信念的总和决定了我们生活的性质。"成功的跨文化交际不仅需要外语学习者具备良好的语言能力,而且也需要了解中西方文化之间的差异,增强其对目的语文化的领悟力和敏感性,提高社会文化能力,避免因文化差异而带来跨文化语用失误。

(一)语言与文化

语言是人类思维的工具,也是人类形成思想的工具,人类思维的过程或结果体现在词汇和其他语言结构中。文化本是一种非常复杂的社会现象,文化代表着一个民族的哲学、历史、地理、信仰、价值观念、宗教及行为准则等。语言学家胡文仲将文化分成三层含义:"一层是物质文化。物质文化指经过人的主观意志加工改造过的。二层是制度文化。制度文化主要包括政治及经济制度、法律、文艺作品、人际关系、行为习惯等。三层是观念文化或心理文化,包括人的价值观念、思维公式、审美情趣、道德情操、宗教感情和民族心理等。"语言学界对文化有另一种划分,那就是知识文化和交际文化。"知识文化"指的是"两个不同文化背景培养出来的人进行交际时,对某词、某句的理解和使用不产生直接影响的文化背景知识";而"交际文化"则是指"来自不同文化背景的人进行交际时直接发生影响的言语中所隐含的文化信息,即词、句、段中有语言轨迹的文化知识"。语言与文化在外语学习和交际中是相互作用、相互依存的关系。一个民族既有自己丰富的语言,又有自己独特的民族文化。语言是文化的一个部分,是文化的载体,语言像一面镜子反映着民族的全部文化,又像一扇窗口揭示着该文化的一切内容。另外,文化包罗万象,语言的正确使用受文化的制约,语言无时无刻不负载着文化。只有深刻理解了语言与文化这种辩证统一的关系,才能在学习中洞察本族语文化与目的语文化的差异,自觉习知其语言系统中潜隐着的"交际文化"。

对外汉语教学既是语言教学,同时又是文化教学。语言教学与文化教学的统一性,是对外汉语教学最根本的特性。吕必松曾指出:"从语言学习和语言教学的角度研究语言,就必须研究语言与文化的关系,因为语言理解和语言使用都离不开一定的文化因素。"在对外汉语教学中,不同的交际主体来自不同的国家、不同的民族。每个民族的语言都浸透着该民族独特的历史和文化,反映着该民族的社会生活、价值观念、道德传统、宗教信仰、思维方式。因此，在交际中，要充分考虑到交际双方的文化背景，深入理解语言中的文化内涵，才能尽量避免由文化因素造成的语用失误，使交际成功。

（二）汉语的特点与汉民族文化

汉语的语音、词汇、语法等要素中都蕴含着深厚的文化色彩，因此对于以汉语为目的语的学习者来说，仅仅掌握语言本身的理论是远远不够的，还必须了解和熟悉渗透在汉语中的文化因素，这样才能熟练地运用汉语进行交际。

1. 汉语语音方面的特点

语音最根本的特性是它的社会性，它是一定时期社会公众约定俗成的结果，是一种群体意识现象。任何民族语言的语音都有自己的结构系统，并由之形成语音文化。汉语语音独特的结构系统为汉语的声韵调系统。它表现为集声韵调于一体的音节单位，在表达时，汉语语音（如大量的拟声词）常常能惟妙惟肖地摹状客观世界中的各种声音，汉语中充满音乐感和节奏感的双声叠韵词语也是由汉语语音独特的形式所决定的。由于汉语语音的民族特性，留学生在学习汉语语音发音方法时，会有许多不适应，尤其是对声调的学习会倍感吃力。如果强行灌输，就会使一些学生厌学或弃学，所以只有让他们真正认识到汉语语音的文化价值、文化意义，才能使其知难而进。对于一些说着"南腔北调"的汉语的外国人，这个问题同样也令他们感到困惑不解。他们应该认识到语音汉化的重要性，如果不能进入汉语的语音文化空间，就不能进入汉语人群，就无法与中国人对话。所以在对外汉语教学中，不仅要把汉语语音的独特性及其一般规律教给学生，而且要将语音中的文化内涵、历史背景介绍给他们，这样不仅能使他们对枯燥的语音学习产生浓厚的兴趣，更重要的是能够准确而有效地运用汉语进行交际。

2. 汉语词汇方面的特点

词汇是一种语言的基础，汉语中大量的词汇蕴含着汉民族传统的哲学精神、道德信仰等文化因素。例如，"一位"和"一个"，前者主要修饰人，表示尊敬、客气、礼貌，可以说"一位老师""一位作家"等；后者既可以修饰人也可以修饰物，简单明了，倾向于表示数量和用作贬义，如"一个罪犯""一个小偷"等。汉语中绝大多数词及词里的单字都表达某种意义，都有其文化内涵，因此，留学生学习汉语不仅需要掌握词语的整体意义，了解双音节词中单字的意义，还要正确把握其文化意义，否则就不能透彻地理解汉语词汇的意义，在使用的时候也常常会出错。由此可见，在汉语词汇中所蕴含的文化，是很值得关注和把握的，它对于留学生尽快进入汉语学习的状态，起着十分重要的作用。

3. 汉语语法方面的特点

一种民族语言的语法，在很大程度上反映着这个民族在认知、表达客观世界时约定俗成的思想观念和思维活动方式。这是语言的文化习惯问题。例如汉语语法的基本结构是主谓宾式，语句组合中的时效性，语序和虚词的运用，量词的不同用法等，在某种程度上都反映了汉民族特有思维习惯和表达方式。语句中所表达的思想和情感，从来就是特定文化的体现。语句的形成都是为了传达人们的思想感情，不同民族有着不同的思想感情方式，因而其语句形态也不一样。由于中华民族几千年的文化积淀，造成汉语语句中有很多表面意义和内在意义存在差异性，这使汉语学习者必须更多地了解把握语句中更深层的文化，才能理解语句的真实含义。

（三）汉民族文化的特征

1. 价值观念方面

价值观念是文化的核心，是在跨文化交际中不能回避的一个问题。不了解一个民族的价值观念，就不会充分理解该民族的表达方式和行为模式，很容易造成跨文化交际中的语用失误。

东方文化的特点是社团价值至上，西方文化的特点是个人价值至上。中国和美国是这两种文化的典型代表。社团至上文化推崇的是社团和集体的价值而不是个人价值的文化，社团的存在比个人的存在更重要。在这样的社会里，人们不是寻求个性化，而是要求个体符合群体要求，不提倡个性突出，不提倡个人价值的实现，而且强调群体对个体的制约性，使人难以表现个性和追求个性的发展。所以汉语社会群体在获得成功时常常说"感谢领导对我的关怀，感谢同志们的帮助，这不是我个人的荣誉，这是集体的荣誉和功劳"等。这也是汉语中的"人怕出名猪怕壮""枪打出头鸟""树大招风"等用语常令外国人感到困惑的主要原因。汉语社会群体常把自己放在一个不重要的位置，与人交往时也常常是自我谦虚甚至自我贬低。

西方人在礼貌方面的突出表现是对"个人隐私"的高度重视，这实际上可以说是个人自由主义的延伸和发展。中国人也有隐私观念，但其意识不如西方那么强烈，隐私范围也没那么广泛。西方人认为属于隐私范畴的许多事情往往是中国人初次见面就津津乐道的话题。彼此陌生的两个中国人在旅途中相遇，他们的交谈很可能是从"你从哪里来""到哪里去""去干什么"

之类的问话开始，一直问到对方的职业、婚姻、家庭收入等事项。还有，汉语社会群体喜欢说一些诸如"天气凉了，多穿点衣服，别感冒了""多注意身体，别累着了""吃好饭，休息好"等一类的话语，以表示对别人的关心和问候，本是好意，而西方人对此却非常反感。他们认为这是站在优越地位上的教训口吻，带有家长的口气，把他当作一个幼稚无知的孩子，竟连冷暖、穿衣、吃饭这样的事也不知道，他们觉得这是对人的一种不尊重甚至是一种侮辱。

2. 伦理道德方面

伦理道德是社会文化的有机组成部分，伦理道德的差异也是造成跨文化交际失误的重要原因之一。中国传统文化是以伦理道德为核心的文化，中国伦理观念的形成有其传统的社会结构制度的背景，这种社会结构制度是以农业自然经济为基础的家国一体的封建宗法制度。宗法制度造就了人们在伦理观念上的两个特点：一是对家庭（族）血缘关系的高度重视；二是对等级差异的强调。这两种伦理观念对语言的使用产生了重要的影响。

汉语社会群体普遍实践的伦理是儒家伦理，而儒家伦理之中心思想为"仁"。"仁者爱人"，因此以"仁"为核心的儒家文化，必然重视人与人之间的感情。这种感情首先表现在家庭成员之间，所谓父慈子孝、兄友弟恭、夫妻恩爱、尊老爱幼等。在这种以家庭宗法制度为核心的历史背景下，人们对家人的关心和爱护还会一层一层地向外延伸，即便是毫无血缘关系，也都以亲属身份论之。所以非亲属关系的人见面也像家人之间那样亲切地问候，在交谈中常以对方的切身生活作为话题，问长问短、问寒问暖。在汉语社会群体看来，这是密切人际关系、联络感情的表现，是所谓的东方式"人情味"。明白这些，对汉语社会群体为何喜欢以私人生活作为寒暄话题也就不难理解了。更为明显的是，交往中人们对非亲缘关系的人常以亲属称谓称呼，例如，"大爷、大娘、叔叔、阿姨、大哥、大姐"等，认为这是对对方的尊敬，表示关系的亲热。这不能不说源于中国传统文化的"天下一家"的社会心理。

另一方面，古代中国的大家庭实质是一个家长制的尊卑长幼鲜明的等级森严的小社会。一个人的社会地位是由他在整个家庭或家族中的位置所决定的。中国传统文化历来主张尊卑有别、长幼有序，封建社会的中国形成了一整套父子、君臣、夫妻的尊卑关系，即"三纲五常"，谁也不得违背。儒家伦理对于汉语社会群体的社会行为有相当深远的影响，并构成人们判断是非的标准，违背伦理原则的人将被视为大逆不道，为天下人所不容。中国文化的这种较强的等级观念在汉语中也有反映。例如，汉语词语内部的排列顺序，一般是按尊卑、主次、大小的顺序,重要的放在前面。人与人交际时要受到各自地位和角色的制约,否则就是失礼。例如,下级或晚辈见到上级或长辈为了表示尊敬,多用辈分称谓或泛化的亲属称谓,不能直呼其名;称对方的职务时,如果对方是副职,习惯上把"副"字略去。在交际中为了提高对方的地位,往往就压低自己,所以称谓系统中就有了与敬称相对的各种各样的谦称。在汉语交际中,人们总是以礼貌谦虚为原则,通过贬低自己、抬高别人来表示对他人的最大礼貌和尊敬。

3. 民俗习惯和思维方式方面

民俗习惯是指一个国家或民族在长期的历史发展过程中逐渐形成、反复出现并代代相习的生活方式,是一种社会规范。民俗习惯生动地体现着一个民族的生活习惯、行为方式、伦理观念以及心理结构等方面的传统特点,是构成民族生活文化史的主体内容之一。一种民俗习惯一旦产生,就会对该民族的社会成员的思想和行为产生极大的约束作用。各民族的风俗习惯都有特定的表现内容和要求,差别很大,每个民族的人对自己民族都有着特殊的情感和依赖性,一般很难改变,也不容许别人侵犯。因此在跨文化交际中经常会出现由于不了解对方的民俗习惯、生活方式而产生的交际失误,重者甚至会带来剧烈的冲突。例如,在中国传统文化中,农业经济生产方式造成了慢节奏的时间观念,"慢"成了人们长期的习惯。不少人以"慢"为稳重,视"快"为"毛手毛脚",慢节奏的生活方式导致在交际中时间观念不太强。例如,汉语社会群体喜欢串门聊天,即使在路上遇见也会停下来聊一会儿;如果有人来家里做客,即使自己很忙也会放下手中的工作陪客人说话等。了解了汉语社会群体慢节奏的时间观念,对于汉语中"请慢走""请慢用""慢慢说,别着急"等固有的用语,就不难理解了。

禁忌是民俗习惯中最重要的内容之一,是跨文化交际中最敏感的话题,也是跨文化交际中最应该注意的方面之一。数字"4"在汉语中是不受欢迎的;汉语社会群体忌讳没有后代,所以骂人常骂"绝户";住在海边的渔民忌讳更多,像"翻""沉""住"等词或与此谐音的词都不能说。各个民族和国家的人都有许多禁忌,所以交际双方只有了解了彼此风俗习惯的差异后,这方面的失误和冲突才容易避免,心理上也较容易适应。敏锐的观察和入乡随俗是减少跨文化交际失误的重要一环。

从总体上看,汉语思维方式的特点是整体思维,重形象思维、综合思维,重统一。毕继万先生认为"英汉文化思维方式的核心区别是英文化的自我中心和汉文化的群体观念"。他进一步解释说:"以群体观念为特征的汉文化往往将整体置于个体之上,个体只是整体网络中的一个环节或一个分子,整个整体是稳固的融合关系。观察和处理问题时,就自然是从大到小、整体综合,强调整体,突出整体,从大处入手,各部分协调对称,上下层次分明,先后顺序清楚,主客间是一种相互适应与和谐统一的关系。"汉语社会群体的这种整体优先、从整体到部分的思维方式,是受古代"万物一体""天人合一"哲学思想的影响,反映在语言结构和表达上也是从整体到部分的,例如,汉语社会群体谈论问题常从宏观、整体出发,时间、空间的表达也是从大到小。正因为传统思维方式注重整体思考,因而它常常借助于直觉体悟,即通过知觉从整体上模糊而直接地把握认识对象的内在本质和规律。这种特点,造成了汉语"用词造句,偏重心理,略于形式"的特性。德国语言学家、人类学家洪堡特(Humboldt)指出:"在汉语的句子里,每个词排在那里,要你斟酌,要你从各种不同的关系去考虑,然后才能往下读。由于思想的联系是由这些关系产生的,因此,这一纯粹的默想就代替了一部分语法。"

(四)文化差异

文化差异表现在诸多方面,包括思维方式、传统习俗、价值观念、文化心理、宗教等。外语学习者应努力探寻语言中深刻的文化内涵,时刻用文化意识去指导自己的交际活动,要懂得"什么时候该说什么,什么时候不该说什么,对谁在何时何地以何种方式谈什么。"不要随意滥用或套用本族文化,避免由此引起的文化干扰,造成交际困难、冲突、误解,甚至仇恨。

(五)文化差异语用失误对策

以上这些例子告诉我们,文化因素对外语学习的影响是非常巨大的。学外语既要学语言,更要通过对本族语与目的语之间的语言与文化进行对比研究,发现"交际文化"的内在规律。要克服跨文化交际中的语用失误,增强对目的语文化的敏感性,提高其社会文化能力,就应从下面一些方面采取对策:

1. 在语言教学中联系文化

文化的理解和语言的理解是相辅相成的,语言教学也离不开文化阐述。学习语言的目的是能够恰当地表达和运用,因此,在课堂教学中,要充分地引入文化因素,从语用的角度联系实际进行教学,才能达到教学目的。例如,在学习到跟市场交易、问路等相关的内容时,就应该结合留学生在中国的实际需要来处理问题。例如,买东西讲价时,买的一方经常会说"我经常来买你的(或都是老顾客了),还不便宜点?"卖者可能会说"看在你是朋友的面子上给你最低价吧"。其实,买者和卖者并非朋友关系,他们这样说只不过是拉关系、套近乎,以达成交易目的罢了。这其实是中国传统文化中的人情面子关系在起作用。

2.明确语言与文化之间的关系,树立语言学习即文化学习的理念

语言反映着文化,文化又渗透于语言之中,语言和文化是互相联系的统一体。学习语言必须要接触其文化,将语言与文化割裂开来或对立起来的学习都是行不通的。学生不仅要了解某个词或短语的字面意义,而且要知道它深刻的文化内涵,知道其怎么用,任意地套用或滥用都是不可取的。

3.广泛阅读,积累知识,增强对目的语文化的敏感性和领悟力

对于汉语学习者来说,要想获取汉语文化知识,广泛阅读、不断积累是最佳途径。只有通过大量阅读原版书籍、杂志、小说,才能真正了解中国与其他国家的文化差异,从而知道在什么时候、什么地方、对什么人说什么话,才能有效避免交际中的文化干扰,增强社会文化能力。

4.加强语言实践,提高跨文化交际能力

美国语言学家布朗(Douglass Brown)说:"语言的最高境界不只是掌握语言形式,而是掌握语言形式以完成语言的交际功能。"学语言的目的就是交际,只有通过广泛的语言交流和实践才能准确运用语言知识,习知"交际文化",使语用能力和语言能力充分结合形成完整的交际能力。就汉语学习者来说,多参加"汉语角""汉语沙龙"晚会和辩论会等活动,多与汉语教师接触交流,都是提高跨文化交际能力的有效途径。

5.跨文化交际中语用能力的培养

(1)正确识别和理解不同文化的行为功能。

这意味着教师必须能透过文化的表面现象看到其实质,把两种文化系统异同的学习提高到理论高度,进行深层文化的比较。这将帮助教师找出文化错误的共同根源。这样教师就可以有意识、系统地进行文化教学,对许多错误做到防患于未然,为跨文化交际提供总体的行为指导。为此,在对外汉语教学的课程设置方面,应该增设文化习俗、人类社会等类课程。社会人类学家已从大量的生活习俗、传说、语言、法律以及交往准则中,抽象总结出了各国文化的深层结构。教师需要比较这些不同点,并将其还原,以指导学生的言语及行为。例如,在中国,国家、集体、学校、家庭的利益永远高于个人的利益;而美国则相反,追求个人自由和利益是人的权利,不允许政府、统治阶级、教会、家庭以及其他外来因素干涉。这一价值观上的不同表现在

日常生活的各个方面，因此，应该正确理解不同文化的行为功能。

（2）熟悉常用词汇的文化内涵。

对于汉语学习者来说，必须熟悉那些同本民族语言中的相应词汇有着不同的内涵或外延的汉语词汇，采取比较方法，掌握不同的文化内涵，它将直接关系到语言理解使用的各个方面，对汉语水平的全面提高至关重要。判断一个人的语用能力如何，主要看他在具体的交际场合或环境能否做到用词准确、表达得体。用词准确、表达得体是指准确恰当地表达自己的观点，但它是建立在准确理解别人话语的基础上的，不能准确地理解别人就谈不上准确地表达自己。

（3）注重文化背景的积累。

留心和积累必要的文化背景、社会习俗、社会关系等方面的材料，多读文学作品、报刊文章。文学作品是了解一个民族的脾性、心理状态、文化特点、风俗习惯、社会关系等方面的最主要、最丰富的材料。阅读报刊是了解当前社会各阶层、各集团的动态，各种社会问题，社会关系的最直接的途径，其重要性是人人皆知的。

（4）努力熟悉了解汉语社会。

熟悉汉语社会的日常生活习惯和言语行为方式，了解处于汉民族文化背景的人们的言语行为，以便熟悉他们的言语特征和非言语特征。在交际中应知道对不同的人必须说不同的话，正确选择谈话的内容和语体，比较自然的进入相应的跨文化语境。要学好一门外语，注重跨文化交际中语用能力的培养至关重要。因为我们在文化交际中犯了语法错误时，容易被人谅解，它毕竟是表层结构的错误，但是如果不能得体地运用语言，频频出现语用失误，往往就会显得不礼貌、没修养、粗鲁、唐突，进而产生误解。因此，为了达到理想的交际效果，去认真了解文化差异，注重语用能力的培养是非常重要的。

（六）培养"文化自觉"能力

"文化自觉"是跨文化交际的重要价值追求。所谓"文化自觉"，费孝通先生的解释为："生活在一定文化中的人对其文化有自知之明，并对其发展历程和未来有充分的认识，也许可以说，文化自觉就是在全球范围内提倡'和而不同'的文化观的一种具体体现。"在跨文化交际中理解"文化自觉"，包含了认识上的和实践上的两个方面。在认识层面上，"文化自觉"主要表现为，不同文化背景的交际主体在交际中能够正视和尊重文化的多元性和差异性，自觉反思和调整民族本土文化和异域文化之间的差距，按照新的文化环境进行调适，达到多元文化之间的新的整合和新的建构。在实践层面上，"文化自觉"主要表现为，增强跨文化的敏感性，提高对不同文化环境的适应和反应能力，设身处地理解别人的行为，避免用自己的行为来解释别人的行为，主动协调跨文化交际中的文化差异，尽量减少和避免因文化差异而导致的交际失误。

在跨文化交际中，要注重不同言语主体交际能力的培养，而"文化自觉"能力则是跨文化交际能力中的重要能力、核心能力。只有具备了"文化自觉"能力，才能在跨文化交际中对自己的文化有自知之明，才能自觉地增强文化的敏感性，提高文化移情能力，从而保证跨文化交际能够顺利进行。

陈建民先生在《汉语词汇与文化》一书的序中表述了这样的看法："一个人的语言能力（指听说读写能力）的高低往往取决于他对语言本身的结构和对语言背景的文化因素的把握。以外国留学生为例，他们在语言难度大的时候，之所以理解不好汉语，主要是由于缺乏汉语的基础知识；但在语言难度小的时候，如果还理解不好汉语，则主要是由于文化方面的障碍。"语言，总是一定民族的语言；一定民族的语言，必然是一定文化的产物。作为人类特有的思想交流工具，各种语言有共同的规律；作为文化载体和一定文化的组成部分，每一种语言又有其独特的品格和规律；作为交流工具，语言的文化背景和这一背景下长期积淀而形成的交际方式及交际规则，必然给语言以深刻的影响，从而使这一语言的交际语及表达方式具有独特的内容或习惯。作为文化载体或一定文化的组成部分，语言中必然大量负载着它赖以生存的环境中的文化信息。语言的这一特性，要求使用者不但要掌握语言知识，还要具备必要的文化和文化背景知识。如若不然，一定会出现语用错误，而达不到预期的交际效果。

外国人学习汉语正是如此，他们产生语言语用失误和社交语用失误，主要源于他们母语文化的干扰及对中国文化现象及由此而来的汉语社会群体的深层文化心理、思维方式、风俗教化等文化交际规约的不理解。当然，除此以外，诸如对外汉语教学中的一些失误，以及汉语社会群体对外国人的失误容忍度，还有外国人自身的文化认同矛盾、汉语能力限制等也都不同程度地影响了他们的表达，造成了各种各样的语用失误。相关学者应尽量揭示这些失误的成因，从文化现象入手，揭示汉语的文化原则和规约，探究汉语社会群体的深层文化心理，并以此为契合点，研究避免失误的对策及纠正方略，以使外国人最大限度地减少失误、内化汉语、达到学习目的，实现成功的交际，服务于世界与中国的交流合作，而这也正是对外汉语教学的最终目的。

参考文献

[1] 阮桂君．跨文化交际与实践 [M]．武汉：武汉大学出版社，2017．

[2] 张宁．语用视角下的对外汉语应用研究 [M]．北京：中国纺织出版社，2017．

[3] 刘荣，廖思湄．跨文化交际 [M]．重庆：重庆大学出版社，2015．

[4] 张雷，范婷婷，宋金花．跨文化交际与外语教学 [M]．哈尔滨：黑龙江教育出版社，2015．

[5] 祖晓梅．跨文化交际 [M]．北京：外语教学与研究出版社，2015．

[6] 龙梅芬．跨文化语用学视角下的语用失误探析 [J]．宏观经济管理，2017（S1）：104-105．

[7] 王智华，何牧春．跨文化交际中环境语的语用功能及其语用失误 [J]．潍坊工程职业学院学报，2017，30（06）：87-90．

[8] 李振，方敏．浅析英汉跨文化交际中的语用失误 [J]．疯狂英语（理论版），2017（04）：15-16．

[9] 金祥禹．跨文化交际中的英语语用失误及应对措施 [J]．纳税，2017（15）：144-145．

[10] 平文江．中原文化英译中的语用失误 [J]．现代语文（语言研究版），2017（07）：158-160．

[11] 高轶妹．跨文化交际中翻译的语用失误及对应策略研究 [J]．西昌学院学报（社会科学版），2016，28（01）：142-145．

[12] 黄芬．中国学生的恭维语跨文化语用失误与英语教学 [J]．吉林广播电视大学学报，2016（10）：48-50．

[13] 余佳蔓．中亚留学生跨文化交际语用失误类型的案例分析研究 [D]．乌鲁木齐：新疆师范大学，2016．

[14] 范松嵩. 跨文化非语言交际语用失误对汉语国际教育的启示 [D]. 重庆：重庆师范大学，2016.

[15] 郝莹. 跨文化交际中语用失误分析及应对策略 [D]. 哈尔滨：黑龙江大学，2017.